# LE GUIDE DU COPYWRITING

Éditions Eyrolles
61, bd Saint-Germain
75240 Paris Cedex 05
www.editions-eyrolles.com

Composé par STDI

Dépôt légal : mars 2021
Imprimé en France par Laballery
N° d'impression : 202112

Quatrième tirage, 2022

Cet ouvrage est imprimé sur du papier offset 90 g,
papier issu de forêts gérées durablement.


ISBN : 978-2-416-00208-3

Sélim Niederhoffer

# LE GUIDE DU COPYWRITING

## Pages de vente, newsletters, sites web, réseaux sociaux... 50 techniques pour vendre en ligne

Éditions
EYROLLES

*« Il faut avec les mots de tout le monde écrire comme personne. »*

*Colette*

# Sommaire

# Vos bonus exclusifs

Merci d'avoir acheté ce guide. Pour vous remercier de votre confiance, j'ai préparé pour vous 5 ressources interactives supplémentaires pour vous permettre d'aller plus loin dans votre maîtrise du copywriting.

1. Une vidéo de décryptage d'une page de vente (durée : 40 minutes) : le copywriting, ça se voit, ça se vit ! Dans cette vidéo, je décrypte pour vous les erreurs de débutant à éviter.
2. Une interview inédite d'Aurélien Amacker, créateur de systeme.io (une des plateformes les plus utilisées par les infopreneurs francophones pour créer leurs entonnoirs de vente).
3. Le conseil le plus important d'un CR (concepteur-rédacteur, le mot français pour copywriter) qui a gagné de nombreuses récompenses pour son travail.
4. Une interview exclusive d'Anne-Laure Parmantier, directrice générale associée chez Santa bla bla (comment elle recrute les copywriters, sur quels critères, etc.) pour vous aider à mieux vous vendre en tant que copywriter.
5. La liste des meilleures ressources à consulter pour progresser (les meilleurs livres sur le copywriting, évidemment, mais aussi les chaînes YouTube et podcasts qui m'inspirent)

Sans oublier l'accès à la page « Questions des lecteurs » : je vous réponds toujours car si vous vous posez une question, soyez sûr que d'autres entrepreneurs comme vous se la posent aussi !

Et je vous réserve encore une belle surprise… (le teasing, l'arme de base du copywriter !)

Rendez-vous sur https://www.les-mots-magiques.com/livre-bonus pour recevoir tous les bonus du livre.

# Introduction

Pourquoi apprendre le copywriting plus que le *growth hacking*, plus que le marketing, plus que l'e-mailing ou que le développement de produits ? Si vous avez fait le choix d'investir dans ce livre, c'est probablement parce que vous êtes dans une des trois situations suivantes :

- Vous êtes étudiant, au chômage, en reconversion, vous voulez lancer votre business et y consacrer tout votre temps et toute votre énergie. Vous avez besoin d'apprendre à présenter votre offre en ligne, sur votre site ou *via* des entonnoirs de vente.
  Vous êtes salarié, attiré par l'idée d'un deuxième salaire et vous aimeriez créer une offre en ligne simplement, sans quitter votre CDI. Vous aimeriez que ce projet vous rapporte un « revenu passif », sans y consacrer trop de temps, avant de pouvoir enfin quitter votre emploi actuel.
- Votre business existe déjà, vous avez une petite communauté, des fans sur les réseaux sociaux, mais vous n'avez pas assez de clients pour pérenniser votre activité, pour en vivre correctement. Vous récoltez des « j'aime » en ligne, mais pas d'euros. Vous avez probablement un problème de conversion.
- Vous êtes copywriter et souhaitez perfectionner votre art de l'écriture, du mot juste, et améliorer la copie que vous rendez à vos clients. Vous voulez vous vendre plus cher, et trouver des clients plus vite.

En résumé, vous avez le même problème que les entrepreneurs du monde entier : vous devez devenir visible et faire connaître votre offre, trouver des lecteurs, les convertir en prospects, puis leur donner envie d'acheter chez vous plutôt que chez vos concurrents. Trouver de nouveaux lecteurs puis de nouveaux clients peut prendre du temps… sauf si vous apprenez à donner envie, à mettre l'eau à la bouche, en utilisant les bons mots.

La plupart des commerçants en ligne vendent à leurs bases mail. Une base mail, c'est un grand fichier de contacts, c'est le répertoire de tous vos prospects. Ce sont des personnes qui vous ont laissé leur mail, et qui sont déjà sensibilisées à votre offre. On appelle cela une base « chaude ». Ce livre vous aidera à maîtriser le copywriting pour vendre également « à froid » à des inconnus qui cliqueront sur une pub, liront votre page de vente et achèteront votre offre. Si vous maîtrisez le copywriting, si votre offre est bonne, vous vendrez bien plus vite que vos concurrents, et votre entreprise sera plus rentable.

En dix ans de copywriting, j'ai eu la chance de travailler sur les deux approches : construire une communauté, bâtir une réputation de copywriter sérieux, vendre à une liste « chaude ». Et à l'opposé, vendre une offre à de parfaits inconnus, sur du trafic « froid ».

Dans ce guide du copywriting, vous apprendrez toutes les techniques d'écriture et tous les principes de persuasion pour attirer l'attention des gens, leur donner envie d'en savoir plus, et les inciter à cliquer sur le bouton « ajouter au panier ». Vous allez apprendre à vendre avec le pouvoir des mots : quelle que soit votre offre, quel que soit son prix, il existe des principes d'influence pour rassurer votre futur client.

L'art du copywriting, c'est aussi celui de la concision, alors je ne vais pas trop m'étendre : on commence ?

# 1

# Qu'est-ce que le copywriting ?

Le copywriting est l'art de vendre avec les mots. Si vous en maîtrisez les bases, vous pourrez devenir plus riche que vous ne l'êtes aujourd'hui. D'ailleurs, pour de nombreux entrepreneurs qui ont fait fortune en ligne, le copywriting est la compétence clé pour vendre plus et devenir indépendant financièrement rapidement. Dans sa définition la plus large, le copywriting est l'art de convaincre, de persuader, d'influencer l'autre dans le but de promouvoir un produit, une personne, une entreprise, une opinion ou une idée. Pour un produit, on parlera de publicité ; pour un programme politique, on parlera de propagande ; et pour une secte, on parlera d'endoctrinement. Mais dans tous les cas, le mécanisme reste le même : il s'agit de choisir et d'utiliser les mots magiques, ceux qui vont pousser l'autre à agir dans votre sens (et dans son intérêt aussi, si possible).

## Les origines du copywriting : de la religion aux Stories sponso sur Instagram

Même si la discipline connaît un regain de popularité depuis 2015[1], le copywriting n'a rien de nouveau. On peut remonter jusqu'à Gutenberg et se demander si la diffusion des idées chrétiennes dans la Bible ne relève pas du domaine du copywriting. Plus proches de nous, les premiers catalogues des marchands ambulants utilisaient déjà les principes que vous allez découvrir dans ce livre. Un titre accrocheur, une belle illustration, une grande idée, parfois une description textuelle du produit, sans oublier le prix et les conditions de vente : ça ressemble beaucoup à la propagande nazie des années 1930, aux lettres de vente des années 1960-70, aux publicités diffusées à la télévision, à la radio ou dans la presse… et ces principes sont toujours d'actualité dans les pages et les vidéos de vente que vous pouvez créer sur votre site, sur Facebook, Instagram, LinkedIn ou YouTube. Le copywriting est donc l'art d'écrire de bons textes et de bonnes publicités qui motivent le lecteur à passer à l'action.

Mais de quelle action parle-t-on exactement ? À l'époque des *Mad Men*, les créatifs de Madison Avenue à New York, les publicités conçues pour les magazines avaient pour objectif d'inciter les lecteurs à se rendre dans les magasins (*drive-to-store*). Les lettres de vente, elles, voulaient motiver le destinataire à acheter toute sorte de produit, comme le décrit bien Gary C. Halbert dans son classique du copywriting, *The Boron Letters*.

De nos jours, le copywriter planche sur les CTA (*calls-to-action*, « appels à l'action » en français) suivants :

- Téléchargez gratuitement (l'e-book Copywriting Cash).
- Inscrivez-vous à la newsletter (sur le site Les Mots Magiques, vous recevez chaque semaine les dernières techniques de copywriting pour booster votre business).

1. Source : Google Trends.

- Réservez votre place (pour une conférence, un spectacle, un vol…).
- En savoir plus (sur un produit, un hôtel, une conférence…).
- Abonnez-vous (à la chaîne YouTube Les Mots Magiques, au joli compte Instagram de French words).
- Signez cette pétition en ligne (sur Change.org par exemple).
- Faites un don (à la Croix-Rouge, aux Restos du Cœur, au Téléthon).
- Lisez la suite de l'article ou lisez l'article complet (en cliquant sur un lien dans une newsletter).
- Réservez votre audit gratuit, réservez votre session stratégique avec votre coach.
- Appelez le 36-37, appelez immédiatement au 81212, Appelez Comme j'aime.
- Téléchargez notre application sur le store.
- Remplissez ce sondage.
- Passez ce quiz en ligne.
- Faites votre simulation de taux en ligne.

Plus génériques, voici les sept *calls-to-action* différents que propose actuellement Facebook quand vous définissez vos publicités :

- Réserver maintenant.
- Nous contacter.
- Utiliser l'application.
- Jouer.
- Acheter.
- S'inscrire.
- Regarder la vidéo.

Le *call-to-action* est le nerf de la guerre : le copywriter veut que le lecteur effectue une action, qu'il s'agisse d'un simple clic, d'un clic suivi d'un formulaire à remplir, ou d'un clic suivi d'un formulaire et d'un code de carte bleue à donner. Un copywriter atteint son objectif quand son lecteur entre son numéro de carte bleue pour faire un don ou un achat.

## Le copywriting : de la vente sous stéroïdes

C'est John Caples, un des pères de la publicité moderne, qui donnait cette bonne image du copywriting. Il le comparait à des métiers relativement proches, où l'on doit aussi plaire au public. Il rapproche ainsi le travail du concepteur-rédacteur (copywriter) au labeur du comique sur scène et du vendeur qui va de porte en porte. Dans son ouvrage-phare *Tested advertising methods*, Caples explique que le comique a le luxe d'ajuster ses blagues d'une soirée à l'autre pour plaire à son public et trouver la vanne qui fera mouche 100 % du temps. Il raconte aussi comment le vendeur peut s'adapter aux expressions faciales et au langage corporel de son prospect pour le rassurer, pour répondre à ses questions et le persuader d'acheter ses encyclopédies, ses tableaux, ses aspirateurs. Mais le copywriter, lui, se trouve dans une négociation silencieuse et à distance, où il ne peut pas interagir avec son lecteur, ni obtenir le moindre feedback de la part du lecteur ou du spectateur. C'est pour cela qu'il doit peser chaque mot de son argumentaire de vente et anticiper la moindre objection du prospect s'il veut que celui-ci reste sur la page et passe à la caisse. La clef, pour réussir cet exploit, ne dépend pas que de la qualité du produit vendu ni de son prix ou du montant investi en achat d'espace publicitaire : elle dépend de la connaissance qu'a le copywriter de la psychologie humaine. Si le copywriter maîtrise les principes de persuasion et d'influence et comprend ce qui motive et fait acheter, alors il pourra tout vendre. Nous le verrons plus loin, le copywriting requiert de bien connaître les instincts de l'espèce humaine, même les plus bas, pour vendre plus. Comme l'écrivait Frédéric Beigbeder dans *99 francs* – LE roman français sur la publicité des années 1990 – : « Pour créer des besoins, il faut attiser la jalousie, la douleur, l'inassouvissement. »

## Que fait le copywriter en 2020 ?

En tant que copywriter, ou concepteur-rédacteur, rédacteur web, rédacteur indépendant, vous pouvez démarcher tout type de clients pour une raison simple : tous les business ont besoin d'un auteur comme vous. Qu'il s'agisse d'un maître-chien, d'un salon de barbier, d'une librairie, d'un chanteur qui vend des millions de disques ou d'un restaurant de quartier, tout le monde a besoin de vos services pour améliorer les textes de leur site internet et de leur page Facebook, booster le taux de capture de mails, maximiser le taux de conversion de leur page de vente ou de réservation, trouver les meilleurs objets de mail pour optimiser le taux d'ouverture des campagnes d'e-mailing... ou tout simplement pour rédiger une bonne lettre de motivation pour trouver un emploi. Mais surtout, vos clients vous contacteront pour créer des pubs Facebook, Instagram, LinkedIn ou Google Ads, qui convertissent. Depuis quelques années, les missions du copywriter s'articulent beaucoup autour de la création de contenu captivant pour les marques, autour de la vente d'infoproduits et des tunnels de vente (*squeeze page*, page de vente, vidéo de vente, webinaire de vente, campagne e-mailing, etc.). Vous devez donc plonger le nez dans ce jargon professionnel si vous voulez maîtriser tout l'arsenal du copywriter moderne.

## Vous aimez les mots ? Ils adorent les chiffres !

Écrire de bons textes persuasifs et des pubs qui font cliquer seront vos premiers pas vers la réussite en tant que copywriter. C'est comme un pouvoir magique que vous allez découvrir : comment transformer des mots en argent. Attention toutefois ! Si Word est désormais votre logiciel, n'oubliez pas qu'en face, le client ne parle pas la même langue que vous : il parle l'Excel, le chiffre, le ROI (*Return on Investment*, « retour sur investissement »). Une grande partie de votre travail en tant que copywriter indépendant consistera à gagner la confiance de votre client qui ne déteste rien de plus que les dépenses injustifiées, non mesurables.

Grâce à votre connaissance du métier, vous pourrez éviter le piège dont parle Claude Hopkins dans *Scientific Advertising* : certains copywriters, certaines agences ne savent pas mesurer leur retour sur investissement. Ils savent dépenser l'argent du client et constater à la fin de la campagne si celle-ci est rentable ou non, mais ils ont du mal à justifier telle ou telle dépense et le coût de leur expertise. Si l'on parle de science du copywriting et non d'art, c'est parce qu'il existe des méthodes scientifiques (notamment le test A/B, voir chapitre 42) pour comparer deux versions du texte et garder la plus performante, celle qui convertit le plus. Gardez bien en tête que quand un client vous paie pour une mission, il préfère la rigueur rassurante d'un scientifique aux intuitions d'un artiste inspiré.

# 2

# Le copywriting aujourd'hui : comprendre le modèle de l'entonnoir

*« Tous les chemins mènent à Rome. » Proverbe*

Autrefois, les deux modèles dominants dans le copywriting étaient l'écriture de courriers directs, que l'on recevait dans notre boîte aux lettres, et l'écriture publicitaire pour les grandes agences et leurs clients, qui martelaient leurs messages dans les journaux, à la radio et à la télévision. À l'heure d'Internet et des infoproduits, vous pouvez vendre votre expertise et vos offres en utilisant le modèle de l'entonnoir (*funnel* en anglais). Les bons copywriters sont aussi de bons *funnel hackers*, capables de concevoir des entonnoirs de vente convaincants, rapides et prévisibles. On emploie le terme « entonnoir de vente », ou « tunnel de vente », qui correspond au parcours client, de la découverte de la marque à l'achat de l'offre. Et s'il y a bien une sortie à ce tunnel (l'achat de l'offre), il existe en réalité une multitude de points d'entrée. Votre objectif principal : bâtir votre liste de prospects afin de les contacter ensuite par mail pour vendre votre offre. Dans votre liste, vous collectez *a minima* le mail d'un prospect, et souvent aussi son prénom, son nom, parfois sa ville et sa date de naissance. Mais commençons par la fin de l'entonnoir – la vente – puis remontons à la source du trafic ! C'est logique : vous devez d'abord vous concentrer sur votre offre puis préparer votre contenu de vente (page de vente, vidéo de vente, webinaire de vente), puisque c'est par là que passeront tous vos prospects, avant de trouver des clients. Voici à quoi ressemble un entonnoir de vente long.

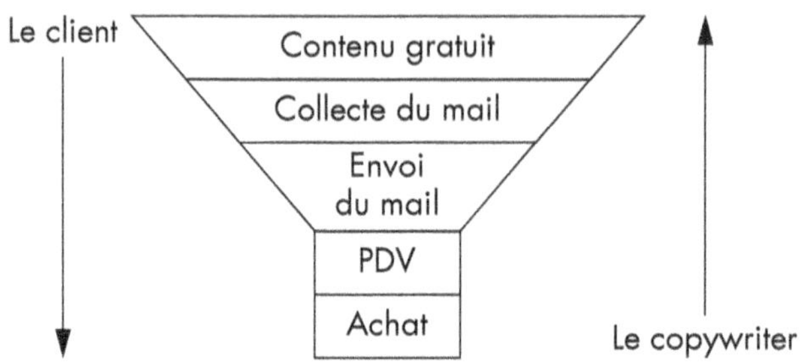


- Étape 1 : créez une offre irrésistible qui répond aux besoins de vos clients

Grâce au pouvoir des mots, vous pouvez rendre une Lada aussi désirable qu'une Ferrari. Que vous écriviez pour votre offre ou pour vendre l'offre d'un client, retenez ces deux conseils : ne mentez jamais à vos prospects et ne vendez pas des offres dont vous n'êtes pas fier ou que vous ne consommeriez pas vous-même. Vendez des produits qui améliorent la vie de vos clients. Adoptez un code moral qui guidera vos décisions d'écrire pour tel ou tel client. Dans ma charte éthique personnelle, je ne travaille pas pour les domaines très lucratifs de la cigarette ou des vapoteuses (mais j'ai déjà écrit pour des marques de cigares), ni des casinos virtuels en ligne (mais j'ai déjà écrit pour des sites de paris sportifs), et je refuse d'écrire pour Coca-Cola, que je tiens en partie responsable de l'épidémie d'obésité dans le monde (mais je bois du Red Bull, guère mieux en termes de sucre…). Le point de départ de votre réflexion, c'est l'offre que vous allez faire à votre client : elle doit donc lui apporter de la valeur. Avec un seul objectif : sa satisfaction.

- Étape 2 : soignez votre page de vente

Voyez votre page de vente comme la vitrine de votre offre. Il faut qu'elle rassure, qu'elle donne envie et qu'elle convertisse. C'est le sujet central de ce livre, un peu de patience encore !

- Étape 3 : faire connaître votre offre et diriger votre trafic sur votre page de vente

Votre prospect est désormais sensibilisé à votre univers et vous avez son mail. Il sait qui vous êtes, il connaît votre expertise et apprécie votre ton. Mais sait-il ce que vous vendez et comment vous pouvez améliorer sa vie ? L'avez-vous exposé à votre offre ? Voici sept techniques à utiliser pour présenter votre offre irrésistible :

  - écrivez des articles sur votre blog ou sur les réseaux sociaux qui mentionnent les résultats obtenus par vos clients ;
  - annoncez la sortie de votre nouvelle offre (« Nouveau » est un mot magique très puissant – voir chapitre 35) ;
  - ne pensez pas que vos lecteurs se ruent sur votre page « Catalogue », « Nos formations » ou « Nos offres ». Envoyez des e-mails pour présenter vos offres existantes ;
  - produisez des vidéos où vous partagez votre savoir sur YouTube, et parlez de votre offre ;
  - animez des webinaires gratuits puis terminez par votre pitch de vente pour promouvoir votre offre ;

– dans un e-book gratuit, présentez votre offre ;
– dans les résultats d'un quiz gratuit, présentez votre offre.

La technique centrale, la plus rentable et la plus utilisée par les infopreneurs, est de vendre par mail (e-mailing, voir chapitre 43).

• Étape 4 : collecter le mail d'un prospect

Votre site est prêt. Vous avez du trafic. Comment collecter l'e-mail du prospect de manière légale ? Voici sept techniques simples à mettre en œuvre pour faire grossir rapidement votre liste :

– offrez un e-book gratuit ;
– offrez les résultats d'une enquête (livre blanc) ;
– proposez un quiz gratuit, et envoyez les résultats par mail ;
– organisez un concours et faites gagner un lot ;
– proposez l'inscription à votre newsletter pour que le prospect reçoive les dernières infos qui l'intéressent directement dans sa boîte mail ;
– créez un formulaire de liste d'attente pour votre prochaine offre (les prospects s'inscrivent, comme pour une précommande, et vous les avertissez quand la formation est sur le point de sortir) ;
– hors de votre site, contactez directement chaque personne qui décide de vous suivre sur les réseaux sociaux et proposez-lui de l'inscrire directement à votre newsletter.

• Étape 5 : devenir visible pour faire entrer des prospects dans votre tunnel de vente

Vous devez générer du trafic vers votre page de vente. Les 10 stratégies ci-dessous sont des portes d'entrée possibles pour votre entonnoir de vente. Il en existe d'autres, mais celles-ci sont parmi les plus utilisées pour bâtir une relation avec le lecteur, pour le mener vers un formulaire où vous collecterez son e-mail :

– écrivez des articles SEO sur votre blog ou des publications sur les réseaux sociaux (où vous répondez aux questions que se posent les internautes). Cette stratégie de long terme vous permet de poser les bases de votre crédibilité. Le souci de cette stratégie SEO est que vous pouvez produire du très bon contenu, qui mettra du temps à être visible. Rapidement, vous vous poserez la question de l'efficacité de la publicité. Comme l'écrivait Steuart Henderson Britt, l'auteur de *Marketing Management and Administrative Action* : « Faire du business sans faire de publicité, c'est comme faire un clin d'œil à une fille dans le noir. Vous savez ce que vous faites, mais personne d'autre ne vous remarque. » ;

- produisez des vidéos où vous partagez votre savoir sur YouTube ;
- investissez dans une campagne de RP (relations publiques) pour vous faire connaître des journaux locaux, nationaux (télé, radio, presse) et des blogueurs de votre domaine ;
- investissez dans la publicité Facebook, Instagram, LinkedIn, Twitter, Google Ads, YouTube pour vous faire connaître et faire venir du trafic qualifié sur votre site, votre page de vente, votre vidéo de vente, votre webinaire de vente ;
- contactez les influenceurs de votre domaine et proposez-leur des partenariats ;
- investissez dans le *native content* (de la publicité sur Taboola, Outbrain, redirect.com, powerspace, etc.) ;
- proposez à vos prospects actuels ou à vos clients de partager votre newsletter avec des amis pour gagner en notoriété et en trafic ;
- collez des autocollants, distribuez des prospectus, ayez recours au street marketing, offrez-vous un affichage dans le métro si vous le pouvez : soyez créatif pour faire connaître votre marque et donner envie aux gens de se rendre sur votre site ;
- écrivez un livre pour être visible dans les librairies, à la Fnac, dans les supermarchés et les sites d'e-commerce ;

– intéressez-vous au « *growth hacking* » cet ensemble de techniques marketing qui permettent d'accélérer rapidement votre croissance.

## Comment accélérer votre entonnoir de vente grâce au copywriting ?

Une fois que vous maîtriserez les règles de l'écriture persuasive présentées dans ce livre, vous pourrez raccourcir votre entonnoir de vente grâce à la publicité ciblée. Il n'existe pas un modèle unique d'entonnoir mais des dizaines. Ramené à sa version la plus courte, voici à quoi ressemblera le parcours de votre prospect :

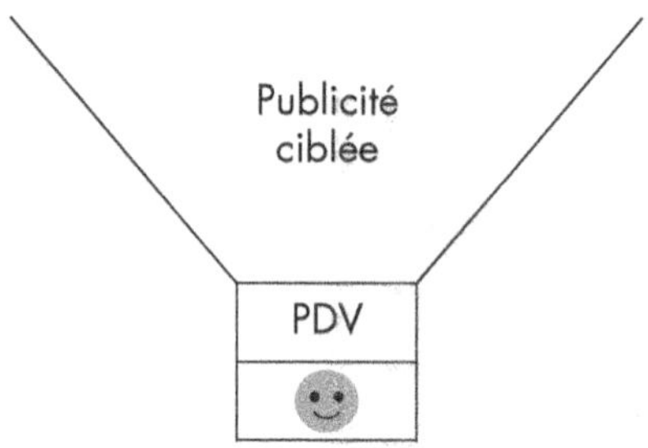


Bien plus rapide, non ? Et aussi plus mesurable et plus rentable. En clair : si vous maîtrisez le copywriting, vous vendez plus, plus vite et plus souvent !

# 3

# Pourquoi vous devez apprendre le copywriting

*« Un voyage de mille lieues commence toujours par un premier pas. » Lao-Tseu*

Que vous soyez propriétaire d'un restaurant, d'un salon de beauté, d'une salle de sport ou formateur en massage énergétique, coach de yoga ou prof particulier, le copywriting va vous aider à vendre plus. Il va vous permettre de rédiger et de présenter l'information de manière convaincante.

Vous devez placer les bons mots au bon endroit pour toucher vos prospects, et si possible au bon moment (avez-vous remarqué comme les publicités pour McDonald's, Deliveroo ou UberEats à la télévision et sur YouTube sont toujours diffusées aux heures des repas ?).

Apprendre le copywriting peut vous aider à changer de vie, et je n'exagère pas ma promesse. Avec une bonne page de vente, vous pourrez tripler, quintupler ou décupler vos ventes (en fonction de votre point de départ). En retravaillant les titres de votre campagne d'e-mails, vous pouvez multiplier par deux ou trois le taux d'ouverture et le taux de clics dans vos mails afin d'augmenter le volume de vos ventes. Et il y a enfin un vrai avantage si vous apprenez à faire votre copywriting tout seul : vous n'aurez pas besoin de faire appel à un copywriter comme moi, car c'est une compétence qui coûte cher.

## Pourquoi apprendre le copywriting plutôt que faire appel à un copywriter ?

Si jamais vous décidiez de me confier votre copywriting, nous devrions passer du temps ensemble pour définir l'avatar de vos clients (voir chapitre 7), pour définir ses douleurs et ses besoins, ses frustrations (voir chapitre 13) et vous devriez m'expliquer l'intégralité de votre offre et de votre histoire pour que je puisse rédiger les textes les plus convaincants possible. Après une phase de recherche sur votre marché, je vous rendrais ma première copie, puis nous verrions ensemble comment améliorer celle-ci (aucun client ne valide jamais la première copie, sauf miracle). Puis nous ferions des allers-retours jusqu'à ce que vous soyez satisfait de ce texte. Vous prendriez beaucoup de temps à expliquer des choses que vous savez mieux que personne. Vous connaissez votre marché, vos clients, leurs douleurs, vous avez bâti l'offre, et vous comprenez comment parlent vos clients et pourquoi les clients achètent : il ne vous reste plus qu'à écrire pour maîtriser toute la chaîne de valeur. Tuez l'intermédiaire ! N'embauchez pas de copywriter débutant ou moyen : si vous apprenez le copywriting, vous ferez du meilleur travail qu'eux, plus rapide, plus précis et plus vendeur. En revanche, un copywriter expert ou spécialisé dans votre domaine a toutes les chances de vous faire gagner du temps. Dans ce cas-là, faites le gros du travail et il passera simplement derrière pour les retouches. Vous gagnerez ainsi en temps et en argent. Maîtriser les bases du copywriting vous permettra de comprendre ce que ce professionnel de la rédaction veut faire pour vous. Si vous parlez le même langage que lui : relation de confiance, prix juste et efficacité.

## Le copywriting : une compétence simple à apprendre, à la portée de tous ?

Si vous n'aimez pas écrire, si vous avez peur d'écrire, si Word n'est pas votre ami, si vous doutez de votre style littéraire, rassurez-vous : vous allez découvrir un ensemble de techniques au cours de cet ouvrage pour démystifier le copywriting. Voyez ça comme un puzzle dont vous devez simplement trouver les pièces à assembler au bon endroit. Si vous savez parler à vos clients, vous allez trouver l'exercice facile car le copywriting n'est pas un exercice de littérature, mais de dialogue et de persuasion. Oubliez vos mauvaises notes en cours de français. Désormais, seule votre aptitude à assembler les pièces du puzzle qui constituent la page de vente compte.

Enfin, apprendre le copywriting est une question de survie à long terme. Un jour, votre business ne rapportera peut-être plus assez. Si vous maîtrisez la science du copywriting, vous pourrez très facilement vous réorienter dans n'importe quel domaine lié à la vente. Vous connaissez forcément le proverbe chinois : « Donne un poisson à un homme : tu le nourris pour un jour. Apprends-lui à pêcher : tu le nourris pour toujours. » Le copywriting, c'est votre assurance-vie pour que le garde-manger soit toujours plein !

# 4

# Devenir copywriter pour tous ou pour soi ?

*« C'est une bonne situation, ça, scribe ? » Otis,*
*dans* Astérix et Obélix, Mission Cléopâtre

J'ai fait le choix de vous livrer tous mes secrets de copywriting, que vous soyez copywriter pour tous ou que vous ayez besoin de la science du copywriting pour les besoins de votre entreprise. Sur le marché, on distingue deux types de copywriters : les copywriters professionnels, et les professionnels qui font leur copywriting. Pour ma part, je me considère comme un copywriter professionnel car j'écris aussi pour d'autres clients, et pas que pour vendre mes propres offres.

Dans le tableau ci-dessous, vous trouverez un comparatif des forces et des faiblesses des deux types de copywriter.

| | Copywriter pour tous (pro) | Copywriter pour vous |
|---|---|---|
| **Maîtrise des techniques de vente à l'écrit** | Très bonne | Bonne |
| **Connaissance produit** | Très bonne | Très bonne |
| **Connaissance clients** | Bonne | Très bonne |
| **Obstacles les plus chronophages** | Trouver de nouvelles missions, de nouveaux clients | Créer de nouveaux produits et en assurer la promotion |
| **Probabilité de faire fortune** | Élevée | Très élevée |
| **Reconversions possibles** | Rédacteur, pigiste, SEO, patron d'agence de publicité | Marketeur, chef de produit, chef d'entreprise |

- **Maîtrise des techniques de vente à l'écrit :** le copywriter pour tous écrit plus souvent que l'entrepreneur qui fait son copywriting lui-même. Il pratique aussi son art sur différents clients, dans différents secteurs. C'est la variété des missions qui l'aide à devenir expert en copywriting, en atteignant les 10 000 heures de pratique chères à Malcolm Gladwell (*Tous winners, Comprendre les logiques du succès*, Clés des Champs).
- **Connaissance produit :** l'expérience m'a prouvé qu'un bon copywriter pour tous doit être capable de comprendre le produit aussi bien que l'entrepreneur qui l'a créé. Sur ce point-là, la copie des deux types de copywriter ne variera pas beaucoup.
- **Connaissance clients** : l'avantage va à l'entrepreneur qui fait son copywriting. Au fil des ans, il acquiert une grande connaissance de sa clientèle. Qui sont ses clients ? Que ressentent-ils ? Que veulent-ils ? Comment utilisent-ils le produit ? Pourquoi reviennent-ils et restent-ils fidèles ? Pourquoi sont-ils déçus et comment expriment-ils ce mécontentement ? Même si un

copywriter professionnel sait bien écouter et fait le travail de recherche nécessaire, il n'atteindra que rarement le degré de connaissance que possède l'entrepreneur.

- **Obstacles les plus chronophages** : l'un des soucis majeurs du copywriter pro, c'est d'alterner les phases de prospérité et de crise. Pendant les cycles chauds, il est occupé et l'argent afflue sur son compte en banque. Mais une fois la mission terminée, la peur revient : comment trouver de nouveaux clients ? Quand va-t-il retrouver un client ? Il passe alors son temps à prospecter et n'est pas payé pendant cette période. De son côté, l'entrepreneur qui fait son copywriting lui-même passe beaucoup de temps à créer de nouvelles offres, et s'il fait partie de ceux qui n'aiment pas trop écrire, perd trop de temps à rédiger ses textes.
- **Probabilités de faire fortune** : dans les deux cas, l'apprentissage du copywriting rapporte. Si vous devenez copywriter pour tous, vous devez savoir vous vendre. Si vous croisez des copywriters qui luttent pour leurs fins de mois, c'est qu'ils ne maîtrisent pas si bien que ça les principes de la vente. Sinon, ils se les appliqueraient avant tout à eux-mêmes pour trouver des clients. Un bon copywriter a toujours du travail et gagne toujours bien sa vie. Mais l'entrepreneur qui fait son copywriting seul aura encore plus de chances de faire fortune, avec un bon produit, adapté au marché et scalable.
- **Reconversions possibles** : le copywriter pour tous a poussé beaucoup de portes et expérimenté de nombreux domaines. Si un jour il délaisse son clavier, il pourra probablement tout vendre. Et, pourquoi pas, s'inspirer des stars de la publicité qui ont raccroché les gants et sont devenues des légendes de la littérature comme Frédéric Beigbeder en France ou James Patterson aux États-Unis. En 2012, ce dernier était l'écrivain le mieux payé au monde avec 94 millions de dollars annuels selon *Forbes*. De la même manière, l'entrepreneur qui fait son copywriting tout seul pourra rester dans le business et, qui sait, s'il prend goût à l'écriture, devenir coach en copywriting !

## Cas pratique d'un copywriter pro devenu entrepreneur et millionnaire : l'histoire des *Pet Rocks* de Gary Dahl (1975)

Vous en avez marre de sortir votre chien, de le nourrir, de devoir le laver, nettoyer les saletés qu'il laisse derrière lui, de l'entendre aboyer la nuit ? Ou peut-être n'avez-vous pas d'animal de compagnie, par manque de place ou d'argent ? Une des premières alternatives, bien avant le Tamagotchi (1997), a existé en 1975 aux États-Unis.

Gary Dahl était directeur de publicité. Il maîtrisait le copywriting. Un jour, il a investi dans des pierres lisses, ovales et grises de la plage de Rosarito au Mexique, des bouts de roche tout ce qu'il y a de plus banal. Le nom de ce « produit » : les *Pet Rocks*, les cailloux domestiques. Ajoutez un packaging intelligent : un carton troué, à la manière d'une cage pour animaux (ou du mouton du *Petit Prince*).

Le coup de génie copywriting de l'opération, c'était le manuel, le mode d'emploi pour s'occuper de son caillou domestique, truffé de jeux de mots et de blagues. On pouvait notamment lire : « Si, lorsque vous sortez le rocher de sa boîte, il semble être excité, placez-le sur quelques vieux journaux. »

Le succès commercial des *Pet Rocks* a duré moins de six mois mais a suffi à rendre Gary Dahl millionnaire. Cinq millions de cailloux domestiques ont trouvé preneurs aux États-Unis, au prix unitaire de 3,95 $. D'abord copywriter pour tous, puis copywriter pour lui : c'est l'évolution parfaite pour vendre un produit inutile !

En 2007, Gary Dahl a publié *Advertising for Dummies* (« La publicité pour les nuls », non traduit en français).

# 5

# Où trouver le vocabulaire qui « parle » à votre prospect ?

*« Nous avons eu seulement trois grandes idées pour Amazon en 18 ans, et c'est la raison pour laquelle nous réussissons : 1. Mettre le client en premier. 2. Inventer. 3. Et être patient. » Jeff Bezos*

À vos marques… prêt ? Recherchez ! Avant de démarrer l'assemblage de votre page de vente, vous devez connaître les bases de votre marché : votre produit, vos clients, vos concurrents. C'est la phase d'étude de marché, trop souvent négligée par les entrepreneurs qui se lancent. Récemment, j'ai travaillé avec une start-up qui lançait un service et se croyait innovante. Ses fondateurs pensaient vraiment révolutionner le marché. En 20 minutes sur Google et l'AppStore, j'avais trouvé une dizaine d'entreprises similaires. Prenez donc le temps de la réflexion et de la recherche. Le copywriting repose sur les mots, vous devez donc commencer par identifier le vocabulaire qui est utilisé par vos clients.

## Les cinq sources pour trouver les bons mots pour convaincre vos futurs clients

- Vos clients, si vous en avez déjà

Vos clients sont les mieux placés pour parler de vos produits et de leurs besoins. Faites-les parler et utilisez leurs mots, utilisez leurs témoignages, imprégnez-vous de leurs impressions et de leurs expressions.

Selon LE boss du marketing américain, Seth Godin, « *people like us do things like this* » : les gens comme nous font des choses comme ça, et par extension, parlent comme ça. Si vous voulez trouver les meilleurs mots pour convaincre vos prospects, appelez vos clients existants : ce sont eux qui ressemblent le plus à vos prospects. Si vous posez les bonnes questions, 30 minutes de conversation suffisent pour extraire des pépites pour vos futures pages de vente, articles et mails de vente. Demandez-leur ce qu'ils pensent du produit, ce qu'ils en disent autour d'eux, s'ils en parlent autour d'eux, et ce qui pourrait être amélioré pour les aider encore plus.

Ma technique bonus : plutôt qu'un simple appel téléphonique, privilégiez un appel en visioconférence sur Zoom, Skype ou toute autre plateforme où vous pourrez enregistrer la vidéo (avec la permission de votre client, évidemment). Ainsi, vous n'aurez pas besoin de prendre de notes, vous pourrez être pleinement présent avec votre client et lui garantir l'écoute la plus active possible.

- Vos concurrents

Vous débarquez sur un marché ou vous lancez une nouvelle offre ? Ne réinventez pas la roue ! Vous avez probablement déjà des concurrents, qui ont dû faire le même exercice avant vous. Analysez le vocabulaire qu'ils utilisent dans leurs articles, inscrivez-vous à leurs newsletters, regardez leurs vidéos sur YouTube. Et après avoir analysé leur manière de rédiger pour les prospects, si vous avez le temps, vous pouvez aussi acheter leurs produits pour comprendre comment ils s'adressent à leurs clients.

Ma technique bonus : y'a pas que la francophonie dans la vie ! Avantage aux bilingues et trilingues ! Si vous le pouvez, prenez le temps de voir ce qui se fait chez les anglophones, les germanophones, les sinophones, les hispanophones, etc.

- Les forums internet, Yahoo Questions/Réponses ou Quora

Vous voulez parler la même langue que vos prospects ? Rendez-vous là où ils sont, et là où ils parlent de leurs passions. Forum canin ? Forum automobile ? Forum sur les jeux vidéo ? Vous trouverez absolument tout en ligne : c'est une source inépuisable d'inspiration pour votre contenu.

Ma technique bonus : n'hésitez pas à participer ! Répondez aux multiples conversations : cela aidera à renforcer votre crédibilité et votre légitimité sur votre sujet d'expertise.

- Instagram, Twitter, Facebook et LinkedIn

À coup de hashtags (mot-dièse ou croisillon), recherchez les tweets et les posts qui parlent des sujets qui vous inspirent. #pertedepoids ? Vous verrez de produits pour perdre du poids, ainsi que des récits de perte de poids, avec de belles photos avant/après, et surtout en légende de ces photos, les mots exacts utilisés par les utilisateurs de ces réseaux pour décrire leur perte de poids, leurs envies, leurs objectifs, leurs douleurs, leurs frustrations.

Ma technique bonus : une fois que vous avez trouvé un post qui parle du sujet sur lequel vous devez écrire, rendez-vous directement sur le compte de l'utilisateur et scrutez attentivement plusieurs posts. Généralement, sur les réseaux sociaux, les gens parlent plusieurs fois des mêmes sujets ! Regardez aussi les commentaires des autres passionnés : une mine d'or !

- Et si votre avenir se situait… dans le passé ?

*« Rien ne se perd, rien ne se crée : tout se transforme. »* La maxime d'Antoine Lavoisier ne s'applique pas qu'à la conservation des masses, mais aussi au copywriting.

Avant d'écrire, montez dans votre machine à voyager dans le temps et plongez-vous dans de vieux ouvrages ou de vieux magazines trouvés chez votre grand-mère ou dans des brocantes. Comment parlait-on de votre offre dans le passé ? Quels étaient les arguments employés à l'époque pour vendre ce que vous vendez aujourd'hui ? Bien sûr, les temps changent. Aujourd'hui, aucun vendeur de régimes ni aucun coach sportif ne jouerait la carte du *fat shaming* (se moquer des gros). Ce n'est plus « à la mode », notre société est devenue plus bienveillante.

Une amie m'a un jour envoyé une page de pub d'un vieux numéro de *Playboy* US des années 1970. Cette page était une page de vente pour un manuel de séduction. 90 % des arguments mis en avant étaient toujours valables en 2020 et le seront toujours dans 10 ou 100 ans parce que la nature humaine ne change pas. Il y a fort à parier que le passé vous ouvre les portes d'un futur radieux !

Ma technique bonus : dans ma bibliothèque trônent notamment les impressionnants volumes « 50's » et « 90's » de la collection *All American Ads*, édités chez Taschen. Je parie qu'une version *old school* de votre offre s'y cache !

## Le conseil bonus de Tahar Rahim

Un matin à la terrasse d'un café, nous discutions des meilleurs dialogues de films. L'acteur doublement césarisé (Meilleur espoir masculin et Meilleur acteur 2010) pour son rôle dans *Un Prophète* me donnait quelques conseils pour débloquer une situation. Je n'avançais plus sur les dialogues de mon roman. Quand j'ai besoin de retrouver de la fraîcheur et de l'inspiration pour mes pages de vente, je suis son conseil : « Désormais, tout ou presque est écrit par les scénaristes, que ce soit pour les films ou les séries. Autrefois, il existait des dialoguistes au cinéma. Si tu veux que tes dialogues aient l'air réels, si tu veux que tes personnages soient crédibles, fais comme les dialoguistes : travaille dans les cafés et écoute ce que disent les gens ! Le vrai parler, il est là, au café ! »

# 6

# Pourquoi le consommateur achète-t-il ?

*« La nature humaine n'a pas changé depuis un milliard d'années. Elle ne variera pas d'un iota lors du suivant non plus. Le changement n'est que superficiel. Parler de l'homme qui change est à la mode. Mais le bon communicant doit davantage s'intéresser à l'homme qui ne change pas : quelles compulsions l'agitent, quels sont les instincts qui le dirigent, même si le langage camoufle bien trop souvent ce qui le motive vraiment. » Bill Bernbach*

C'est la question clé que vous devez vous poser si vous voulez écrire mieux et vendre plus : pourquoi un inconnu est-il susceptible de dire oui à votre offre ? Avant toute chose, prenez le temps d'analyser votre propre comportement. Regardez autour de vous. Pourquoi avez-vous acheté cet ordinateur Apple ? Cette marque de yaourt ? Cette paire de chaussures ? Si vous regardez attentivement autour de vous, vous verrez que tous vos achats se classent en deux catégories : les besoins et les envies.

## Outil principal pour comprendre les besoins de vos clients

Pour comprendre votre client, vous devez maîtriser la pyramide des besoins de Maslow, l'un des premiers outils pour comprendre le comportement du consommateur. Selon ce psychologue américain, l'être humain passe sa vie à satisfaire des besoins. Toutes nos actions, et par extension nos décisions d'achat, correspondent à ces besoins. S'il expose ses idées pour la première fois en 1943 dans *Une théorie de la motivation humaine*, c'est en 1970 qu'apparaît clairement le concept complet de sa hiérarchie des besoins.

Pyramide des besoins

Malheureusement, ce modèle simpliste enseigné dès le lycée est critiqué de toute part, autant pour l'absence de rigueur méthodologique (Maslow n'aurait observé que quelques collègues pour établir sa pyramide) que pour sa véracité. En effet, d'après Maslow, on ne passerait au besoin supérieur qu'une fois que l'étage inférieur est complet (ou atteint à 75-80 %). Pourtant, de nombreuses situations prouvent que l'ordre des besoins n'est pas si logique qu'il en a l'air. Dans le cas du bizutage, par exemple, le bizuté se plie aux rituels parce qu'il recherche le besoin d'appartenance avant le besoin de sécurité. Idem pour ceux qui se privent de nourriture au détriment de leur santé, pour se payer voyages instagrammables ou beaux habits (besoin d'estime).

## Des motivations bien plus variées et impulsives ?

L'expert en psychologie du consommateur Drew E. Whitman se veut encore plus clair dans *Brainscripts for sales success*. Selon lui, nous venons tous au monde avec huit désirs qui nous gouvernent, qu'il appelle les huit forces de vie (« LifeForce-8 ») :

1. maximiser notre survie, profiter de la vie, chercher à prolonger notre vie.
2. pouvoir nous nourrir et boire.
3. vivre une vie sans peur, sans douleur et sans danger.
4. avoir une vie sexuelle épanouie, trouver quelqu'un avec qui partager notre vie.
5. avoir des conditions de vie satisfaisantes.
6. être supérieur, gagner, pouvoir faire jeu égal avec nos voisins.
7. offrir à nos proches la protection et les soins nécessaires.
8. obtenir l'approbation des autres, la validation sociale.

Ces besoins, nous sommes nés avec, vous, moi, vos clients. Gardez bien ces huit forces de vie en tête, car elles vous seront utiles quand vous rédigerez votre page de vente. Visualisez-les comme des cases d'un carton de bingo : plus votre offre coche de cases, plus votre client sera enclin à adhérer à votre offre.

| LE BINGO DE LA PAGE DE VENTE | | | | | |
|---|---|---|---|---|---|
| | Survie | | Nourriture Boisson | | Pas de peur : danger |
| Vie sexuelle | | Conditions de vie satisfaisantes | | Être le meilleur | |
| | Sécurité | | Validation sociale | | Information |
| Curiosité | | Propreté | | Efficacité | |

Si vous avez fait un peu de sociologie, vous savez qu'outre l'inné, il y a l'acquis : ce que notre éducation et la société nous ont transmis. Ces désirs pas naturels, mais culturels, Whitman les appelle les désirs secondaires, et il en recense neuf :

1. le désir d'être informé ;
2. la curiosité ;
3. la propreté de notre corps et de notre environnement ;
4. l'efficacité ;
5. le côté pratique, des services qui nous facilitent la vie ;
6. des produits fiables, des services de qualité ;
7. l'expression de la beauté et du style ;
8. le désir de faire des économies, le désir de nous enrichir ;
9. l'envie de faire de bonnes affaires.

Je vous recommande de faire le test suivant pour votre business : quelles sont les cases que coche votre offre ? Si vous vendez des tableaux sur Instagram, votre offre permet au client de cocher les cases 6 et 8 des forces de vie (être supérieur ou égal aux voisins et obtenir la validation sociale des autres), ainsi que les désirs secondaires 7 et 8 (expression de la beauté et du style, et possibilité de s'enrichir en revendant le tableau des années plus tard).

Si vous vendez du coaching en perte de poids, votre page de vente permet au prospect de cocher les cases 1, 2, 3, 4, 5, 6, 8 des forces de vie, ainsi que les désirs secondaires 3, 5, 7. Souvenez-vous qu'une bonne page de vente doit vous permettre d'aider votre prospect à cocher un maximum de cases.

## Pourquoi votre client va-t-il acheter votre produit ? Les 10 raisons selon Jim Edwards

Jim Edwards est un copywriter brillant né en 1945, bras droit de Russell Brunson, le créateur de Clickfunnels, une des solutions les plus utilisées pour créer des entonnoirs de vente. J'aime beaucoup sa catégorisation des besoins du client, qu'il résume en une liste de 10 puces (10 est un nombre magique, contrairement à 8). Voilà pourquoi nous faisons les choses, voilà les raisons qui nous motivent... et peuvent pousser un prospect à l'achat :

1. gagner de l'argent ;
2. économiser de l'argent ;
3. gagner du temps ;
4. éviter les efforts ;
5. réduire la douleur physique ou mentale (ou la supprimer complètement) ;
6. être plus à l'aise ;
7. être plus propre et avoir une meilleure hygiène de vie pour être en meilleure santé ;
8. obtenir la validation sociale de nos pairs ;
9. nous sentir aimé, nous sentir plus aimé ;
10. améliorer notre popularité ou notre statut social.

En conclusion, si vous comprenez pourquoi le consommateur achète, les tendances de société, leurs évolutions, vous serez à même de proposer la meilleure offre... et de rédiger la meilleure page de vente pour votre produit. Si vous ne comprenez pas vraiment les besoins de votre client, vous proposerez des offres non adaptées, que personne n'achètera (voir *infra*, l'exemple du parfum BIC).

### Trois exercices pour mieux comprendre ce qui fait cliquer, ce qui fait acheter

Premier exercice : prenez votre relevé de compte, regardez vos dépenses des deux ou trois derniers mois. À quels besoins correspondent vos dépenses ? Pouvez-vous expliquer toutes vos dépenses de manière rationnelle ? Faites deux groupes : besoins et envies.

Deuxième exercice : dès que vous voyez une publicité à la télé ou dans la rue, essayez mentalement de cocher les cases promises par l'annonce. Par exemple, quelles cases coche une pub pour le dernier iPhone ? Probablement 4, 8 et 10 (réduire les efforts fournis, obtenir la validation sociale de vos pairs et améliorer votre popularité ou votre statut social).

Troisième exercice, plus compliqué mais encore plus formateur : lorsque vous lisez une page de vente, essayez de repérer la case que souhaite cocher la phrase ou le bloc de texte lu. Si la page est bien écrite, il y a des chances pour qu'un maximum de cases soient cochées à la fin de la page de vente !

## Exemple de flop commercial : le parfum BIC

Quand vous lisez « BIC », vous pensez aux stylos à bille, aux rasoirs jetables et aux briquets vendus en supermarché et chez les buralistes. En 1988, BIC confie le lancement de sa gamme de parfums (quatre parfums : Jour, Nuit, Homme et Sport) à l'agence Young & Rubicam. Le parfum, testé à l'aveugle, sent bon et bénéficie d'un spot de pub. Flop retentissant : 10 000 flacons jetables sont écoulés la première semaine, contre les 100 000 prévus. Malgré des tentatives de relance, BIC aurait perdu environ 400 millions de francs entre 1988 et 1991 à cause de cet échec commercial qui aurait pu être évité... en comprenant les besoins des clients. Quand vous achetez un parfum, vous n'achetez pas que le jus. Vous achetez l'identification à la marque de luxe (Dior ou Chanel), l'identification au parfum, ce qu'il dit de vous (Johnny Depp le sauvage du désert, Simon Baker le gentleman, Marion Cotillard la numéro uno, Julia Roberts qui rend la vie plus belle). Vous achetez aussi un beau flacon qui fait votre fierté quand vous le saisissez dans la salle de bain pour vous parfumer. Enfin, quand je renouvelle mon flacon de *Tuscan Leather*, c'est aussi l'occasion de me rendre dans la belle boutique Tom Ford. Malheureusement, BIC proposait un produit au design moyen (le flacon ressemblait à un gros briquet), une marque pratique et utile mais qui ne fait rêver personne, dans un lieu associé à la mauvaise odeur de fumée (et dans lequel on fumait à l'époque). S'ils avaient mieux compris les besoins des clients, ils auraient probablement évité ce flop. La leçon que nous devons en tirer : le client n'est pas uniquement motivé par les prix les plus bas, ses motivations sont plus profondes que ça. Il est prêt à payer plus pour vivre sa part de rêve !

# 7

# Pour qui écrivez-vous ? Définissez votre avatar !

*« Il se trouve autant de différence de nous à nous-mêmes que de nous à autrui. » Michel de Montaigne*

Pour qui et à qui écrivez-vous quand vous rédigez votre page de vente ? C'est la question la plus importante à vous poser avant même de démarrer l'écriture. Peu importe votre offre, concentrez-vous d'abord sur le client. C'est en partant de la connaissance de votre client que vous réussirez à définir la meilleure offre pour lui et à sélectionner les mots qui lui parlent. Pour parler le langage de votre prospect et le convaincre, vous devez pouvoir le décrire parfaitement. Vous devez faire son « portrait-robot », qu'on appelle « l'avatar » dans le domaine du copywriting. Plus ce portrait-robot sera précis, plus vous écrirez facilement par la suite car vous visualiserez votre prospect. Vous l'entendrez vous parler avec ses mots !

Par exemple, quand j'écris pour le domaine de la séduction, j'écris pour Julien. Julien a 30 ans, il a fait de bonnes études, occupe un poste avec de plus en plus de responsabilités, gagne entre 30 et 50 K€ par an, mais Julien est célibataire. Lorsque vous écrivez, vous devez visualiser votre Julien ou votre Julie ! Décrivez-les dans les moindres détails. Les critères que vous allez définir permettent de regrouper des clients ayant quelque chose en commun (clients homogènes) : le même comportement d'achat, le même sexe, l'appartenance à une même classe d'âge, les mêmes loisirs et centres d'intérêt... En marketing, on parle de critères sociodémographiques, c'est la première approche que vous devez tester pour définir votre client idéal. Voici une liste d'éléments que vous devez définir pour que votre avatar soit exploitable :

- les principaux critères sociaux :
  - sexe (homme/femme),
  - âge ou tranche d'âge,
  - composition de la famille et taille du ménage (célibataire/en couple ; avec enfants/sans enfants, etc.) ;
- les principaux critères géographiques :
  - pays,
  - région,
  - département,
  - commune,
  - taille de la commune,
  - climat,
  - type d'habitat ;
- les principaux critères démographiques (et économiques) :
  - niveau d'études,
  - profession,
  - catégorie socio-professionnelle (CSP).

Ces critères sont importants. Les désirs et les comportements d'achat des consommateurs sont toujours intimement liés à leurs caractéristiques sociodémographiques. Par exemple, si vous vendez des chaussures de randonnée, vous aurez logiquement plus de clients à Grenoble qu'à Brest.

## L'étape d'après : définissez les critères psychographiques (ou comportementaux)

Si les données démographiques sont un bon point d'entrée pour définir votre avatar, elles ne suffisent pas. Toutes les personnes d'une même classe d'âge ne se ressemblent pas, tous les habitants d'une ville ne consomment pas de la même manière. C'est pour cela que vous allez devoir vous intéresser au comportement d'achat de vos clients.

Si vous vendez des régimes, de la santé, du sport, c'est le comportement de Julien que vous devez cibler : il est en surpoids, a décidé de refaire du sport, de reprendre sa vie en main. Il peut avoir 25 ou 55 ans, vivre à Strasbourg ou Andernos-les-Bains, ce qui compte, c'est son comportement, ses envies, ses aspirations, ses rêves, ses motivations profondes. Au moment où j'écris ces lignes, une publicité résume très bien ce concept : c'est « Le berger », d'Orange. On y voit un groupe d'amis jouer ensemble à distance : la première sur son téléphone dans un train, le second à la caisse d'un supermarché de proximité, le dernier dans un chalet à la montagne. Orange met en avant le comportement « *gamer* », la tribu de ceux qui jouent aux jeux vidéo.

Si vous voulez être plus pertinent dans la définition de votre avatar, vous devez cerner le groupe d'appartenance de Julien et Julie !

## Trois autres astuces pour mieux définir votre avatar

- Imprimez la photo de Julien et Julie !

Quand vous écrivez, gardez un Post-it avec le prénom de votre client idéal collé sur la table ou le mur en face de vous. Ou encore mieux, imprimez sa photo. Vous pouvez prendre une photo en tapant « Julien » sur Google. Pour ma part, je vais encore plus loin quand je dois écrire une page de vente, car j'ai l'âme d'un *stalker*. Je me connecte sur Facebook, sur la page d'un concurrent, et j'analyse les commentaires sous les posts. C'est ici que se cachent Julien et Julie ! Puis je remonte sur leurs profils, et parfois je continue l'enquête sur LinkedIn et Instagram. Qui sont-ils ? Que disent-ils ? Que *likent*-ils ? Mon père était gendarme, que voulez-vous… J'ai hérité de son sens de l'observation et de l'enquête pour le bonheur des entrepreneurs qui me confient leur copywriting !

- Affiner votre avatar avec le temps ?

Lorsque vous allez écrire votre première page de vente, vous allez probablement suivre votre instinct… et vos préjugés. Vous pensez savoir qui sont vos clients : vos ventes vont vous ouvrir les yeux sur qui ils sont vraiment. Par exemple, j'étais persuadé qu'une de mes formations allait davantage toucher les femmes, parce que la page de vente démarrait par un exemple féminin et une photo d'entrepreneuse. En mai 2020, les 39 premières ventes m'ont donné tort : sept acheteurs étaient des acheteuses, pour 32 hommes. J'ai donc réécrit la page de vente en y ajoutant du masculin.

Pour enrichir votre avatar, passez également du temps avec vos clients. Appelez-les – avec leur permission évidemment – pour leur poser des questions, apprendre à mieux les connaître, pour mieux comprendre leurs motivations.

Une fois votre entreprise plus structurée et solide financièrement, vous pourrez proposer à vos clients des sondages, des quiz, des jeux concours pour recueillir le maximum de données dans votre CRM (logiciel de gestion de la relation client : c'est la solution centralisant toutes les interactions entre votre entreprise et vos clients).

- Et si votre business sert plusieurs cibles ?

Dans ce cas, vous devrez raconter l'histoire la plus fédératrice possible. En effet, que vous vendiez une formation pour les entrepreneurs, un ventilateur, des glaces bio, des masques en tissu biorecyclé, un abonnement à un service pour les entrepreneurs, des solutions minceur, vous vous adressez autant à des hommes qu'à des femmes, avec des âges très variés. Dans ce cas-là, l'histoire doit rassembler, l'avatar fédérer. Utilisez la section « Témoignages clients » pour mettre en avant une variété de profils de clients. Et quand vous serez enfin millionnaire, vous pourrez créer des publicités symphonie comme Nike avec tous ses athlètes !

# 8

# Sept solutions pour contourner l'angoisse de la page blanche

*« Au commencement était le Verbe… »*
*Évangile selon saint Jean*

La page blanche n'existe pas. Les Anglo-Saxons parlent de *writer's block*, le blocage de l'auteur. En tant que copywriter, vous avez des textes à rendre, des pages de vente à livrer à votre client, un lancement de produit à réussir, le post du jour à publier. Vous ne pouvez pas vous permettre le luxe d'être bloqué, vous n'êtes pas un grand auteur qui attend la muse de l'inspiration. Voici les sept solutions que vous pouvez utiliser si vous vous retrouvez bloqué par une page blanche :

- Écrivez quelque chose qui n'est pas lié au copywriting. Vous pouvez écrire à un ami, sur Facebook, écrire une lettre à vos parents, une lettre d'amour à votre partenaire, bref : écrire des mots sans enjeu pour vous, écrire des mots pour lesquels personne ne va vous juger. Ça vous aidera à vous mettre dans le bain, à échauffer votre cerveau.
- Écrivez quelque chose de plus léger à vos clients ! Écrivez un contenu moins lourd psychologiquement pour vous. Si la page de vente vous bloque, vous pouvez vous lancer en écrivant un article, un post pour Facebook, Instagram ou LinkedIn, ou un mail pour vos clients.
- Vous êtes l'expert ! Pour vous mettre dans le bain de l'écriture et reprendre psychologiquement votre rôle de vendeur, de conseiller, d'expert, je vous recommande de vous atteler à 5 ou 10 minutes de service après-vente ou service clients. Cela vous permettra de délaisser le stress de la page blanche et d'enfiler votre costume d'expert, de vous sentir utile, valorisé, et d'adopter le bon état d'esprit avant de revenir à votre page blanche.
- Sortez le stylo rouge avant le stylo noir ! C'est une technique qui m'a servi plus d'une fois face à une page de vente que je n'arrivais pas à démarrer. Plutôt que de bloquer sur une page désespérément blanche face à un titre qui ne voulait pas venir, je retournais sur une de mes vieilles pages de vente pour m'imprégner de la structure et des mots, des phrases. Souvent, j'avais envie de corriger ce que je lisais pour l'améliorer. L'énergie, l'inspiration, la structure revenaient ! Si vous n'avez jamais écrit de page de vente, sortez le stylo rouge sur la copie d'un concurrent, ça marche aussi. Attention : face à un très bon concurrent, cet exercice peut démotiver s'il a particulièrement bien réussi l'exercice. Dans ce cas, utilisez l'une des autres techniques pour vous débloquer.
- Changez de perspective ! Si vous voyez cette page blanche comme un obstacle infranchissable de 20 000 mots à écrire, le blocage risque de durer. En revanche, si vous visualisez cette page de vente que vous devez écrire comme l'assemblage de 10 fois 500 mots qui s'enchaînent, ça rend l'obstacle bien plus facile à franchir.

Quand mon éditeur m'a envoyé le contrat pour ce livre et que j'ai lu « environ 300 000 signes », j'ai été submergé 10 secondes, avant de découper ces 300 000 en 50 tranches de 6 000 signes. Découpez, vous respirerez mieux !

- Faites autre chose ! Dans les moments de stress intense, où vous vous trouvez paralysé par l'angoisse de la page blanche, faites autre chose, orientez votre esprit et votre concentration ailleurs, en quête d'une petite victoire pour vous débloquer. Je ne compte plus le nombre de fois où j'ai enfilé mes baskets et mon short pour aller courir 30 minutes. Après la douche, les mots venaient plus facilement. J'ai aussi la mauvaise habitude de quitter ma feuille blanche pour aller ranger tout le salon, ma chambre, celle de ma fille. Ce n'est pas ça qui va m'aider à écrire, mais cette petite victoire fait du bien au moral. J'appelle ça la procrastination productive : je ne m'attaque pas à l'urgence du moment mais je coche tout de même un élément important de la to-do-list. C'est cette ligne barrée qui m'aide à mettre la machine en mouvement. Vous pouvez cuisiner, répondre à vos courriers administratifs, répondre à vos textos en retard, monter un meuble, trier les photos de votre téléphone, préparer un an de contenu social média, lire 100 pages d'un livre que vous auriez dû lire depuis longtemps, réparer une étagère, ranger votre garage ou tondre la pelouse : peu importe l'activité, ce qui compte, c'est de vous aérer l'esprit et de ressentir ce sentiment de victoire.
- Ne démarrez jamais sur une page blanche. Au fil des années, j'ai appris la réalité du métier de copywriter : nous assemblons des pièces d'un puzzle, nous emboîtons des Lego. Nous ne sommes pas des artistes, nous n'attendons pas « l'inspiration » pour travailler, car nous sommes des rédacteurs professionnels. Créez-vous un dossier avec des pages de vente que vous aimez et dont vous vous inspirez. Utilisez la Super Structure (voir chapitre 10) ou toute autre structure pour vous venir en aide. Mais surtout, la discipline consiste à ne jamais ouvrir une page blanche sans savoir quoi écrire dessus. Par exemple, pour écrire ce chapitre, j'ai ouvert le document le dimanche soir, j'ai écrit le titre, puis j'ai listé les sept techniques

pour lutter contre le syndrome de la page blanche, et j'ai refermé la page. Ce n'est que le lendemain que je suis venu compléter chaque paragraphe, sans aucune angoisse. Que vous deviez écrire un article, une séquence de mails ou une page de vente, faites toujours un premier passage pour noircir votre feuille avec le plan. *Auf wiedersehen* la page blanche !

# 9

# AIDA et les cinq alternatives pour structurer votre page de vente

*« Le Style et la Structure sont l'essence d'un livre. Les grandes idées ne sont que foutaises. » Vladimir Nabokov*

Votre offre est prête, votre avatar est défini mais vous ne savez pas par où commencer ? Pas de panique, il existe quelques structures pour vous faciliter le travail. Toutes les structures évoquées dans ce chapitre se ressemblent : seul leurs noms changent et le niveau de détail dans lequel elles entrent. C'est notamment en étudiant et en perfectionnant tous ces modèles que j'ai créé la Super Structure dans laquelle vous trouverez tout (voir chapitre 10).

## AIDA : la structure de base du copywriting

AIDA est la reine des structures pour écrire et présenter une offre. Elle offre un plan très chronologique, qui laisse peu de place à l'improvisation. Quatre lettres pour quatre étapes vitales, du titre jusqu'au *call-to-action* (CTA).

- Attention

« Aujourd'hui, communiquer c'est se faire remarquer d'abord », écrivait Jacques Séguéla dans *Hollywood lave plus blanc*. Vous captez l'attention de votre lecteur avec un titre choc, une image forte, une promesse dès les cinq premières secondes. Si vous réussissez cette étape, vous détournez votre lecteur de ce qu'il était en train de faire.

- Intérêt

Capter l'attention, c'est facile au fond. Il suffit de crier, de surprendre, de s'habiller de manière flashy, mais intéresser quelqu'un – ici votre lecteur –, c'est proposer du fond et s'intéresser à lui. Pour garder l'intérêt de votre lecteur, vous devez lui faire comprendre que vous allez lui parler de lui, que vous allez l'aider, que vous allez vous intéresser à lui. Qu'il a tout intérêt à continuer de vous lire, car quelque chose l'attend (une surprise, une révélation, un cadeau, une solution à ses problèmes).

- Désir

Ce troisième bloc de texte doit émoustiller votre lecteur. La séduction se joue ici. Fini le factuel, votre offre est la star et monte les marches du Palais des Festivals à Cannes. C'est le bloc de texte dans lequel votre lecteur doit se poser la question « Et si ? ». Et si c'était pour moi ? Et si ça marchait vraiment ? Et si ça me facilitait la vie ?

• Action

La conclusion, le quatrième acte de votre offre. Vous l'avez présentée, vous l'avez mise en valeur, maintenant vous devez la vendre et pousser votre prospect à l'action. Vos plus gros efforts d'écriture doivent être faits pour cette partie, avant que votre offre limitée ne disparaisse à tout jamais, comme la troupe derrière le rideau qui tombe sur scène après le final.

## Alternative 1 : AIDCA

AIDCA ne diffère d'AIDA que d'une lettre, on ajoute le C : Attention, Intérêt, Désir, Conviction, Action. La structure de page de vente AIDCA est surtout un rappel de la psychologie du client d'aujourd'hui, bombardé d'offres. Nos cerveaux sont saturés par toute la publicité qu'on voit partout. On ajoute donc le C pour Conviction : en d'autres termes, vous devez convaincre votre prospect qu'il ne court aucun risque en commandant chez vous. Les autres étapes restent les mêmes : obtenez l'attention de votre lecteur avec un bon titre. Stimulez son intérêt en lui parlant de lui. Générez du désir en lui montrant à quel point sa vie sera améliorée avec l'aide de votre offre. Conviction : prouvez à votre lecteur que votre offre fonctionne, rassurez-le en lui montrant que ce que vous dites est vrai. Puis terminez en demandant à votre lecteur d'agir, en étant clair et direct.

Ce modèle s'appelle AIDCA, mais vous pouvez le renommer AIDRA si le R de Rassurer sonne mieux pour vous que le C de Conviction.

## Alternative 2 : PAS – *Problem – Agitate – Solve*

Cette formule anglophone se concentre sur trois temps forts : tout d'abord, vous révélez à votre lecteur son problème, qu'il connaît déjà. Cela vous permet de le toucher directement : cette partie P (Problème) est l'équivalent du A et du I de AIDA condensés. Une différence notable vient dans le deuxième acte de cette structure, le A de Agiter. C'est le moment où vous allez remuer le couteau dans la plaie, c'est la partie du texte où vous allez présenter le scénario du pire pour faire peur à votre lecteur. Par exemple, pour une offre sur la perte de poids, vous commenceriez par décrire les inconvénients de la prise de poids, puis vous agiteriez le spectre d'une prise de poids morbide, de déchirement de la peau, de maladies liées au surpoids, vous remueriez le couteau dans la plaie en parlant de la honte, de la grossophobie, du rejet par les autres, etc. Cette deuxième partie a pour objectif de mettre le lecteur dans un état émotionnel agité et de l'éloigner de la pure rationalité. Heureusement, lors de la troisième partie de cette structure, vous venez sauver le lecteur avec votre offre, vous proposez une solution (Solve). Vous débarquez tel un héros qui ramène la lumière dans la vie du lecteur qui se faisait un sang d'encre après avoir lu le deuxième bloc de texte. Heureusement qu'il peut acheter votre offre pour aller mieux et éviter l'enfer que vous avez décrit !

## Alternative 3 : PAPA

C'est une des formules que je préfère car elle est assez intuitive.

P comme Problème : encore une fois, vous commencez fort en rappelant à votre lecteur sa douleur.

A comme Avantages : ici, vous peignez un futur radieux pour que votre lecteur se projette dans une vie sans son problème. « Imaginez tout ce que vous pourrez faire quand… »

P comme Preuve : dans ce troisième bloc, vous apportez la preuve que vous pouvez résoudre ce problème pour votre lecteur. Vous présentez votre offre, vous rassurez votre lecteur, vous partagez les témoignages de vos clients. La preuve rassure.

A comme Action : « Cliquez directement sur le bouton vert ci-dessous et voyez les premiers résultats dès demain ! »

## Alternative 4 : PASTOR

Pastor est l'un de mes acronymes préférés : il évoque le pasteur, ou le berger qui amène ses brebis paître dans les pâturages. Vous êtes le berger, et vous allez encore une fois diriger votre lecteur vers la bonne voie. Cette structure a été popularisée par le marketeur Ray Edwards.

P comme Problème : vous obtenez l'intérêt de votre lecteur en lui décrivant son problème.

A comme Amplifier, ou Agiter : comme dans la structure PAS, vous appuyez là où ça fait mal, vous noircissez le tableau.

S comme Solution, ou Story : vous montrez à votre lecteur qu'il est possible de s'en sortir, de vivre autrement, qu'il est possible pour lui de ne plus souffrir et qu'il existe une solution à son problème. Vous présentez votre solution.

T comme Transformation, ou Témoignages : vous racontez l'histoire d'un client convaincu dont vous avez changé la vie grâce à votre offre.

O comme Offre : c'est le moment où vous devez parler d'argent et faire votre offre. Dans ce bloc de texte, vous expliquez très clairement ce que votre prospect va recevoir, et comment le processus d'achat va se dérouler.

R comme Réponse : votre lecteur vous a lu avec intérêt, patiemment, comme s'il avait écouté un long monologue. Voici venu le temps de lui rendre la parole et d'attendre sa réponse, que vous espérez positive. Un clic, un abonnement, un rendez-vous : il doit réagir à votre CTA. Le R de PASTOR est l'équivalent du deuxième A de AIDA.

## Alternative 5 : les 4P

Cette formule, proposée par le marketeur américain Neil Patel, est presque identique à la formule PAPA. Ne la confondez pas avec les célèbres 4P du *marketing mix* (product, price, place, promotion).

P comme Problème : vous l'aurez désormais compris, quelle que soit la structure pour laquelle vous optez, commencez toujours par le problème pour mobiliser votre lecteur.

P comme Promesse : la promesse qu'il existe un futur meilleur.

P comme Preuve : vous apportez la preuve de ce que vous avancez.

P comme Proposition : la description exacte de votre offre et le CTA.

# 10

# La Super Structure, le plan ultime pour écrire votre page de vente

*« La discipline est mère du succès. » Eschyle*

Nous avons tous nos habitudes d'écriture et vous développerez les vôtres. Celle qui me fait gagner le plus de temps quand je veux rédiger vite et bien, c'est la Super Structure. Elle m'a été livrée par mon maître en copywriting en 2010, et je n'ai cessé de l'utiliser et de la perfectionner depuis. J'aime beaucoup l'image du slalom, au ski : lors des descentes, le skieur doit passer entre des portes pour que son temps soit comptabilisé, il doit suivre un chemin précis. Une page de vente, c'est pareil : vous devez embarquer votre lecteur de la ligne de départ – le titre – jusqu'à la ligne d'arrivée – l'appel à l'action. Voici donc les 17 blocs qui constituent la Super Structure.

## La Super Structure : 17 blocs de texte pour écrire une page de vente parfaite

Vous retrouverez tous ces blocs en détail lors des chapitres suivants.

Bloc 1. Le titre qui tue : l'accroche qui scotche, pour interpeler le lecteur.

Bloc 2. La promesse qui va donner envie de lire le reste.

Bloc 3. Le couteau dans la plaie, parce que la douleur vend plus que la douceur.

Bloc 4. Votre histoire, qui permet au lecteur de s'identifier et qui vous permet de vous crédibiliser.

Bloc 5. Les solutions habituelles qui ne fonctionnent pas, pour discréditer la concurrence.

Bloc 6. Le recadrage : un changement de perspective qui va vous permettre de vendre votre offre.

Bloc 7. La vision idéale, pour aider le prospect à se projeter dans le futur avec votre offre.

Bloc 8. La présentation de votre offre révolutionnaire, de votre nouvelle méthode, pour sortir le lapin du chapeau.

Bloc 9. La liste à puces, parce que le client achète les bénéfices du produit, et pas uniquement les caractéristiques.

Bloc 10. La mise en perspective de l'offre, pour préparer l'annonce du prix.

Bloc 12. Le marketing répulsif, pour renforcer la désirabilité du produit.

Bloc 13. L'annonce du prix : probablement la partie la plus dure.

Bloc 14. La présentation des bonus, pour renforcer la valeur perçue de l'offre.

Bloc 15. Les témoignages clients, la preuve sociale pour rappeler que votre offre donne des résultats.

Bloc 16. L'appel à l'action, pour conclure votre page en beauté (rareté, urgence, garanties, test à 1 €, paiement sécurisé, facilités de paiement, marche à suivre, etc.).

Bloc 17. Le P.S. : une dernière info, une dernière objection, l'annonce du premier chapitre…

## Devez-vous impérativement respecter la Super Structure ?

J'aime bien voir cette Super Structure comme un jeu de construction Jenga, avec 17 blocs qui tiennent bien, empilés les uns sur les autres, et qui constituent un squelette solide pour votre page de vente. Vous pouvez toutefois retirer certains blocs sans risquer le syndrome du « colosse aux pieds d'argile ». Parmi les blocs obligatoires, conservez le titre, les promesses, les douleurs, les bénéfices, les témoignages clients, la présentation du produit et le CTA (rendez-vous au chapitre 25 pour discuter de l'importance de la rareté et de l'urgence). En fonction du prix de votre offre et de sa complexité, vous pourrez décider de faire l'impasse sur le storytelling, sur les blocs 5 et 6 de fausses solutions et recadrage, sur la mise en perspective du prix, sur le marketing répulsif, sur les bonus et sur le P.S. de fin de page.

## Pouvez-vous déplacer les blocs de texte de la Super Structure ?

En termes de position des blocs, vous pouvez aussi faire des tests et les déplacer. Fut un temps où je vendais beaucoup avec des pages de vente sur deux colonnes : celle de gauche était dédiée au texte de vente, celle de droite aux témoignages clients. Nous avons testé le même texte avec le bloc de témoignages clients intégré au texte : cette version obtenait un meilleur taux de conversion, nous l'avons donc conservée. Un des blocs de texte les plus mobiles est celui de l'annonce du prix : certains de mes clients testent des pages de vente qui s'ouvrent directement sur le prix barré et le nouveau prix, pour mettre en avant l'effet d'urgence et la bonne affaire. D'autres n'hésitent pas à répéter le bouton d'achat trois à quatre fois sur la même page. Pour des produits d'abonnement, par exemple, l'investissement étant plus long et généralement plus coûteux, attendez de vraiment « ferrer » votre client avant d'annoncer votre prix. Encore une fois : faites le test ! Seule la vérité scientifique des chiffres vous aidera à établir la structure de page de vente optimisée pour votre audience. Vous verrez parfois des pages de vente où le bloc des bénéfices est répété, parfois le bloc des témoignages clients sera scindé en deux. Vous avez les pièces du puzzle : à vous de les assembler comme bon vous semble… tant que votre prospect va jusqu'au CTA et accomplit l'action que vous attendez de lui.

# 11

# Des titres qui tuent

*« En moyenne, il y a cinq fois plus de personnes qui lisent votre titre sans lire le reste de votre copie. Quand vous avez écrit votre titre, vous avez dépensé quatre-vingt cents sur votre dollar. » David Ogilvy,* On advertising

Dans un journal, tout se joue sur le titre des articles. Idem pour le journal télévisé et ses gros titres. Notre travail est d'attirer l'attention des lecteurs grâce à un titre remarquable. Pas le temps de mettre les formes ou de dire bonjour : vous devez immédiatement démarrer avec le concentré de votre puissance et de votre créativité. Votre titre est la vitrine : il doit être alléchant. S'il ne l'est pas, si le titre est trop faible, avec une promesse pas assez forte (voir chapitre 12), le lecteur passera son chemin. Développez une obsession pour les titres : c'est une très bonne idée si vous voulez faire fortune grâce au pouvoir des mots. Pour vous donner une idée de l'importance du titre dans la publicité, sachez que John Caples y consacre quatre chapitres entiers sur 18 dans *Tested Advertising Methods.*

## Les quatre catégories de titres pour attirer le prospect à chaque étape du tunnel de vente

Les trois premières catégories de titres ont un point commun : les titres doivent être assez courts et percutants. En effet, la longueur optimale d'un titre est souvent contrainte par l'outil (WordPress, YouTube, Aweber, Mailchimp, Taboola, etc.) à moins de 70 caractères, espaces compris. La dernière catégorie, le titre de la page de vente, est généralement plus longue.

- Le titre de vos articles et de vos vidéos

Votre contenu gratuit est en compétition avec le reste du *newsfeed* Facebook, du *feed* Twitter, des notifications *push* de Maddyness et de Presse-citron, des *stories* sur Instagram, des vidéos de Squeezie, Marketing Mania, Gotaga et Lena Situations. Face à cette overdose de contenus, c'est votre titre (et une bonne vignette d'illustration) qui vous aidera à vous démarquer et à être lu.

- L'objet de vos mails

La boîte mail de vos lecteurs déborde de mails et de spams. Un bon objet de mail poussera vos lecteurs à cliquer et à lire cette bonne nouvelle que vous leur promettez.

- Le titre de vos publicités

Les copywriters qui veulent arriver plus vite à la vente ne s'embarrassent pas de stratégie SEO à long terme. Ils écrivent des titres de publicités remarquables qui conduisent directement le prospect sur la page de vente. Facebook, Google Ads, YouTube Ads, Taboola, Outbrain ont tous des règles assez similaires à respecter pour les titres.

- Le titre de vos pages de vente

Les trois titres précédents ont pour objectif de conduire le prospect jusqu'ici, sur cette page de vente. Tout en haut, en gras, en rouge, un titre promesse qui doit hypnotiser votre prospect et lui donner envie de lire la suite au plus vite ! S'il ne se sent pas concerné par ce titre, il refermera la page et ne reviendra plus.

## Comment écrire un bon titre ?

Pour écrire un bon titre, vous devez comprendre ce qui fait cliquer. Le lecteur s'intéresse à lui avant tout : il veut améliorer son bien-être, ses conditions de vie, son prestige, sa santé, son pouvoir de séduction, ses finances. Il existe trois moyens d'écrire un titre qui tue :

- écrire un titre promesse, qui propose un bénéfice au lecteur. « Comment gagner 8 000 € par mois grâce au copywriting » ou « Gagnez 5 fois le SMIC grâce au pouvoir des mots », « Je claque 7 094 €... tu multiplies ton chiffre d'affaires par 286 ! » ;
- écrire un titre qui suggère la nouveauté : « La nouvelle méthode pour perdre 2 kg par semaine sans vous forcer », « Ma technique exclusive pour muscler vos pages de vente et doubler votre nombre de clients », « Cette recette méconnue pour doubler votre investissement chaque année, même avec un petit budget » ;
- écrire un titre mystérieux (c'est l'option la plus risquée, même si vous utilisez des mots magiques dedans) : « La fin des haricots », « La Covid a frappé :-) », « Norman et Cyprien sont des menteurs », « Jamais moins que Toi ».

Enfin, n'oubliez pas de rédiger des titres crédibles. Quand la promesse contenue dans votre titre est invraisemblable, vous n'obtiendrez pas le nombre de clics souhaités.

## 27 exemples de titres qui tuent

10 exemples de titres promesse :

- Comment travailler avec des influenceurs pour générer plus de cash.
- Toi aussi tu perds tes cheveux en automne ?

- Pourquoi 95 % des gens ne reprennent pas de poids grâce à ce nouveau protocole minceur.
- Faites-vous cette faute de français sur vos CV sans même le savoir ?
- Bénéficiez de 10 % de réduction sur tout notre catalogue de formations avant minuit.
- Retrait de votre droit à 20 % de réduction demain.
- La technique secrète pour remplir ta base de clients plus vite.
- Parlez anglais en 15 minutes par jour : satisfait ou remboursé.
- Vrai ou faux : vous pouvez installer le siège de votre société en Irlande en 15 jours ?
- 5 exemples de bonnes bio Tinder – exemples concrets pour matcher plus.

10 exemples de titres nouveauté :

- Connaissez-vous cette nouvelle méthode pour apprendre l'anglais en 15 jours ?
- Comment les meilleurs traders ont doublé leurs profits en 10 minutes par jour avec ce nouveau logiciel.
- Le guide mis à jour pour adapter votre marketing à la crise actuelle.
- Pourquoi cette recette fait un *come back* fracassant chez les femmes à Los Angeles ?
- Ce protocole beauté oublié de tous pour perdre 2 kg par semaine après l'accouchement refait surface !
- Alerte verte ! 7 produits upcyclés pour vous équiper à la rentrée.
- Faites plus de ventes avec ce « nouveau » tunnel de vente.
- Offre exceptionnelle – 50 % : Bun Hay Mean à l'Européen dès demain !
- Invitation – Nouvelle séance de formation !
- On a choisi la meilleure formation gratuite pour VOUS !

7 titres mystérieux :

- David Guetta, DJ Snake et Gad Elmaleh sont dans un bateau…
- Cette stratégie illogique fonctionne (offre limitée).

- Le secret des 3 niveaux de prise de parole.
- Scarlett Johansson, la chemise la plus froissée de l'histoire de YouTube et le marketing comme tu n'y avais jamais pensé.
- C'est scandaleux, mais j'ai remboursé mon prêt étudiant grâce à ça…
- Mauvaises nouvelles…
- Avez-vous déjà vu une femme faire ça ?

## Comment ne jamais manquer d'inspiration pour écrire un bon titre

L'art du titre est aussi l'art du vol. Vous connaissez la citation de Picasso : « Les bons artistes copient, les grands artistes volent. » Inspirez-vous du maître et créez-vous un dossier avec les meilleurs titres sur lesquels vous tombez. Dans les magazines, prenez-les en photo. Sur votre smartphone, prenez des copies d'écran. Dans votre boîte mail, archivez-les dans un dossier spécial. Je vous recommande même d'ouvrir une boîte mail dédiée pour vous inscrire à toutes les newsletters du monde : des coachs, des consultants, des entreprises du CAC40, des artisans de votre région, des agences publicitaires. Puis une fois par mois, prenez une matinée pour sélectionner les titres qui vous inspirent et adaptez-les à votre marché. Un dernier conseil : le titre étant la partie la plus importante de votre copie, ne le bâclez jamais en 10 minutes. Et ne vous contentez jamais d'un seul titre. Écrivez-en entre 10 et 20. Puis revenez le lendemain, et gardez-en 3. Le surlendemain, choisissez votre gagnant. Voici 10 variations autour de ce sujet :

- [Nouveau] Pourquoi vous ne devez jamais écrire un seul titre.
- Cette erreur que commettent tous les copywriters qui rédigent un seul titre.
- Le secret bien gardé de ceux qui écrivent des titres qui tuent.

- Votre taux d'ouverture pourrait être plus élevé si vous faisiez cela.
- Comment multiplier par 3 le taux d'ouverture de vos mails grâce à cette technique.
- J'ai adopté cette nouvelle habitude, et depuis j'ai multiplié mon CA par 3,7 !
- 10 ou 20 ? C'est beaucoup… mais ça rapporte !
- Pas exclusif : cette loi du copywriting que trop de rédacteurs méprisent (à leurs dépens).
- Aujourd'hui, c'est 1 ? Demain, ce sera 10 ou 20 (révélation méthodo pour vous).
- Quoi faire précisément pour faire x3 à votre CA (ça prend 20 minutes).

À vous de choisir LE titre qui tue !

### Des jours et des jours sur un titre… avec Patrick Bruel

J'ai eu la chance d'être pendant 8 ans le community manager de Patrick Bruel.

De 2011 à 2019, il me faisait retravailler la moindre virgule, le moindre point sur Facebook, Twitter ou Instagram.

L'exigence qu'il me réclamait ? Il s'imposait la même pour chaque chanson. Chaque titre était rejoué et réenregistré jusqu'à la perfection. Il écoute tout, dissèque tout, la moindre sonorité le garde éveillé pendant des jours s'il trouve encore quelque chose à améliorer.

Pour son public, tout doit être parfait. Le plus grand cadeau qu'il m'a fait ? Son obsession pour les titres : « Pour un film, un livre, un disque, pour vos articles : le titre, c'est le programme ! Votre titre, c'est un monde à lui tout seul ! »

# 12

# La promesse

> *« Une publicité qui ne promet aucun bénéfice au client ne vend pas, et pourtant la majorité des campagnes ne propose aucune promesse. (Cette phrase est la plus importante du livre. Relisez-la.) »*
> *David Ogilvy, On advertising*

Votre promesse sera souvent le titre de votre page de vente, elle peut être le sous-titre, ou figurer dans une des phrases d'introduction de votre page ou vidéo de vente. Dans tous les cas, votre promesse doit arriver rapidement et suivre une structure claire. La promesse est ce qui pousse votre lecteur à vous lire, à vous suivre, à acheter votre produit. Votre promesse marketing a pour but d'améliorer la vie de votre client d'une manière ou d'une autre : lui faire gagner de l'argent, lui faire économiser de l'argent, le rendre plus populaire, l'aider à améliorer sa vie sentimentale, l'aider à être en meilleure santé, le rendre plus performant au travail, aider son chien à mieux digérer, lui permettre d'avoir les cheveux propres et lutter contre les pointes sèches.

## Promesse et USP

L'« Unique Selling Proposition – USP » est LA promesse liée à votre offre. D'après le théoricien de l'USP, Rosser Reeves, votre offre ne doit se concentrer que sur un seul bénéfice. Un seul, le bénéfice majeur, le plus important. Par exemple, pour vendre une lessive, un fabricant pourrait communiquer sur les cinq bénéfices suivants :

- elle lave plus blanc ;
- elle prend soin du linge ;
- elle est écoresponsable ;
- elle est extrêmement concentrée ;
- c'est la moins chère.

La promesse serait alors mise en avant et les autres reléguées au rang de simples bénéfices. Votre promesse ne peut pas inclure les cinq bénéfices, au risque d'être illisible. Vous devez faire une grosse promesse pour attirer le lecteur à vous, une promesse unique, puis expliquer comment vous allez tenir cette promesse.

Voici quelques exemples de promesses pour des infoproduits imaginaires :

- « Apprenez à coder en moins de 24 heures… même si vous ne parlez pas le HTML. »
- « Créez votre page de vente en moins de 2 heures, même si vous détestez écrire. »
- « Apprenez l'anglais sans effort en 15 minutes par jour grâce à notre nouvelle méthode Babbel. »
- « La méthode WIN pour obtenir et réussir vos entretiens dans les plus grands cabinets de conseils… même si vous venez d'une école du bas du tableau. »
- « Développez votre communauté et doublez votre chiffre d'affaires sur Instagram pour même pas 50 €. »

Quand votre promesse est forte, elle attire l'œil et vous permet de gagner 10 secondes d'attention supplémentaire de votre lecteur.

## Les quatre étapes pour rédiger votre promesse marketing avec le modèle OPEN

Pour rédiger une bonne promesse, vous pouvez utiliser le modèle OPEN (Obstacle – Prix – Espace temps – Négation) que j'ai créé.

- Étape 1 : l'obstacle

Vous devez comprendre l'obstacle au sens physique du terme. C'est cet obstacle qui empêche votre lecteur d'atteindre le prix. Vous allez aider votre lecteur à pulvériser l'obstacle grâce à des verbes d'action, des verbes de mouvement : comment obtenir / comment faire pour / comment avoir / comment écrire / comment publier / comment convaincre / comment trouver / comment peindre / comment entraîner votre enfant…

La notion de mouvement est importante car notre cerveau est programmé pour analyser avant tout les mouvements autour de nous. Le moindre mouvement dans la pièce et nous tournons la tête pour évaluer le danger. Vous devez introduire l'idée de mouvement car c'est précisément ce « mouvement », cette action, que votre lecteur a du mal à faire seul pour atteindre son objectif.

- Étape 2 : le prix

Le prix, c'est la récompense. C'est ce que va atteindre votre lecteur une fois qu'il aura dépassé l'obstacle. Votre lecteur veut :

- vivre la vie sentimentale de ses rêves ;
- se débarrasser de ses maux de tête, de dos, de genoux ;
- être retraité à 40 ans et dépenser sans compter ;
- présenter le chien le plus mignon du monde au concours canin de sa région ;
- publier un grand roman ;
- jouer de la guitare comme un pro.

Intéressez-vous aux mots précis qu'utilisent les clients dans votre niche. Est-ce que c'est « séduire », « draguer », « attirer », « aborder » ? Les nuances sont importantes et peuvent vous aider à créer plusieurs produits pour répondre à différents besoins.

- Étape 3 : l'espace-temps

Cette troisième partie de votre promesse répond à la question que se pose le lecteur : « Quand vais-je obtenir ce que je veux ? » Votre lecteur veut une solution rapide et se demande combien de temps va s'écouler entre son achat potentiel et le moment où il vivra sa vie de rêve. C'est donc le moment d'apaiser son esprit et de lui donner une notion du délai, du temps nécessaire. Est-ce que c'est une heure ? Une semaine ? Un week-end ? Un an ? J'aime beaucoup cette citation de Tony Robbins : « Les gens surestiment ce qu'ils peuvent faire en un an, mais sous-estiment ce qu'ils peuvent faire en 5 ans. » Malheureusement, en copywriting, vous n'avez pas intérêt à écrire « un an » sur votre page de vente. C'est bien trop long pour votre lecteur. Un an, c'est dans une éternité ! Vous devez proposer une solution rapide, à la limite de l'incroyable, mais qui reste crédible. Il y a deux manières de présenter la notion de timing.

La première méthode, c'est dire au lecteur combien de temps il va prendre pour atteindre son objectif :

- « Comment écrire un e-book de 100 pages en une semaine. »
- « Comment aborder et séduire une personne qui vous plaît en 5 minutes. »
- « Sept techniques pour avoir des abdos en béton en moins de 15 minutes par jour. »

Ce sont des promesses qui sont tenables. Le client peut le faire. S'il n'y arrive pas, c'est qu'il n'a pas suivi la méthode, pas utilisé les bons outils, pas essayé. Mais la promesse est réelle et fonctionne.

La deuxième méthode pour parler de timing, c'est de cibler le temps qu'il va falloir au lecteur pour apprendre la compétence qui les mènera à leur Prix, leur rêve.

- « Comment améliorer vos tirs à 3 points avec Stephen Curry en 2 heures. » (Masterclass)
- « Accordez-moi 15 minutes et je vous montre comment aborder cette femme sublime. » (Le temps de regarder une vidéo de vente.)
- « Maîtrisez la diététique et préparez des plats équilibrés et sains en moins de 2 heures. » (Le temps de lire le livre.)
- « Comment progresser en allemand en moins d'une heure. »

Attention, plus le temps entre l'obstacle et le prix est long, plus vous aurez du mal à vendre votre offre. Seuls les lecteurs les plus motivés vont acheter en 2021 une « formation préparation marathon New York 2022 ».

• Étape 4 : la négation

La dernière étape, la négation, consiste à enlever les excuses, la douleur ou les peurs de votre lecteur. Dans un monde idéal, nous ferions tous des choix logiques et bons pour notre santé, notre carrière, nos relations. Malheureusement, dès que je promène ma fille entre 16 et 18 heures et que je croise un *coffee shop*, il y a 90 % de chances pour que je cède à l'appel du sucre et que j'achète un cookie (pour moi, pas pour elle…). Nous faisons des mauvais choix et nous savons que ces choix sont mauvais. Mais en tant que copywriter, vous ne devez pas culpabiliser votre lecteur. Vous devez lui rappeler que ce n'est pas sa faute s'il cède à la facilité. Et vous devez lui expliquer que même s'il a échoué par le passé, même si ça n'a pas marché pour lui, même s'il n'a pas le moindre talent, votre offre est faite pour lui.

Voici quelques exemples où j'ajoute la négation après les trois premières étapes :

- « Comment améliorer vos tirs à 3 points avec Stephen Curry en moins de 2 heures (même si vous avez 2 mains gauches). »
- « Accordez-moi 15 minutes et je vous montre comment aborder cette femme sublime (même si vous rougissez et ne savez pas quoi dire pour le moment). »

– « Comment écrire un e-book de 100 pages en une semaine, même si vous détestez écrire / même si vous n'avez jamais écrit / même si vous manquez de temps. »
– « Comment jouer de la guitare comme un pro (même si vous n'avez pas l'oreille musicale). »
– « 7 techniques pour avoir des abdos en béton en moins de 15 minutes par jour sans forcer. »

# 13

# La douleur vend plus que la douceur

*« L'homme ne sait pas ce qu'il veut, mais il sait très bien qu'il ne veut pas ce qu'il a. » Gustave Le Bon*

Le copywriter offre des solutions pour améliorer et alléger la vie des clients. Or, avant de résoudre leurs problèmes, vous devez les mentionner, les rappeler, et parfois remuer le couteau dans la plaie pour que le lecteur se sente vraiment concerné par votre pitch. Ce bloc de texte de la Super Structure est par essence un bloc très émotionnel, où vous allez jouer sur la corde sensible.

## Appuyez là où ça fait mal… mais pas trop fort !

Votre lecteur vient d'entrer sur votre page de vente grâce à un titre qui tue et une belle promesse. C'est le moment pour vous de capter durablement son attention en lui rappelant les douleurs qui l'empêchent de dormir la nuit. C'est dans ce bloc de texte que votre lecteur va comprendre que ce qu'il lit, c'est son histoire, ses problèmes. Ce qu'on appelle « douleurs » dans le copywriting (*pain points* en anglais), ce sont des problèmes, des frustrations, un simple inconfort, des blocages ou parfois de vraies douleurs physiques. Si vous réussissez à peindre une image forte avec trois, quatre ou cinq douleurs dans lesquelles votre lecteur se reconnaît, il sera alors qualifié et motivé pour lire la suite car « ça lui parle ». Voici quelques exemples de douleurs :

- se sentir nul dans son travail, être victime du syndrome de l'imposteur, gagner moins que ses collègues ;
- souffrir de harcèlement scolaire à cause de surpoids, se sentir trop gros ;
- transpirer abondamment, être exclu socialement ;
- déprimer après un accouchement, ne plus se sentir belle ni désirable ;
- entendre moins bien avec l'âge, perdre la vue, avoir mal aux hanches ou aux genoux ;
- finir toutes les fins de mois à découvert, avoir du mal à payer ses factures, être surendetté ;
- se sentir ballonné, mal digérer, se sentir souvent fatigué ;
- avoir des problèmes de peau, des plaques, de la sécheresse, du zona, de l'eczéma… ;
- avoir des difficultés d'élocution, avoir peur de parler en public, rougir pour un rien ;
- payer des factures trop élevées d'Internet, d'assurances ou d'énergie ;
- avoir un chien qui aboie toute la journée, avoir un arbre qui dépasse chez le voisin (soucis avec le voisinage) ;
- trouver une place en crèche ou une nounou de confiance pour son enfant.

Pour toutes ces douleurs, vous trouverez des offres. Des coachs, des produits physiques, des vidéos YouTube, des services en ligne pour faire disparaître la douleur.

## Pourquoi appuyer là où ça fait mal ?

Il existe une échelle de la douleur. Quand on va chez le médecin, il nous demande parfois d'évaluer notre douleur de 0 à 10. En copywriting, c'est la même chose. À 0, votre prospect ne ressent aucune douleur, il n'a pas besoin de vous. À 10, il cliquera et achètera votre produit ou service immédiatement. Votre objectif est d'émouvoir votre lecteur et de l'aider à grimper dans l'échelle de la douleur. Vous devez l'aider à percevoir tout ce qui pourrait se passer de terrible s'il ne réglait pas son problème aujourd'hui. En clair : s'il ressent une douleur de 5 ou 6, peignez-lui l'horreur de vivre avec une douleur de niveau 8 ou 9.

La loi psychologique fondamentale que vous devez retenir est la suivante : votre prospect est plus motivé psychologiquement pour fuir la douleur que pour atteindre le bonheur. Il est plus réceptif à vos arguments antidouleur qu'à vos arguments pro-bonheur. Cette loi de la nature humaine, « l'aversion à la perte », a été popularisée par les travaux de Daniel Kahneman et Richard Thaler notamment. C'est une notion issue de l'économie comportementale : c'est ce biais comportemental qui fait que les humains attachent plus d'importance à une perte qu'à un gain du même montant. Dans votre cas : votre lecteur attache plus d'importance à une dégradation de son bien-être qu'à une amélioration du même ordre.

### Exemples de solutions anti-douleur

Douleur du prospect, niveau 4 : « Être pauvre ». Solution vendue : « Apprendre à gérer son épargne » pour atteindre une situation normale. Appuyer sur la douleur pour le faire monter à 6 ou 7 : « Vous avez parfois peur de finir à la rue quand vous voyez votre compte en banque. » Mauvaise idée, niveau 0 : expliquer au prospect qu'il aurait une meilleure vie s'il était millionnaire.

Douleur du prospect, niveau 5 : « Avoir mal aux genoux » de temps en temps. Solution vendue : « Notre thalassothérapie douce... ». Appuyer sur la douleur, niveau 7 ou 8 : « Et si vous ne faites rien aujourd'hui, vous pourriez très vite ressentir douleur 7, voire douleur 8, très handicapante pour votre santé et votre vie sociale. » Mauvaise idée, niveau 0, pas crédible : « Si vous aussi vous voulez retrouver les genoux de vos 18 ans. »

## Les trois étapes pour faire vibrer votre lecteur grâce à la douleur

Le meilleur moyen de faire participer activement votre lecteur est de lui poser des questions ! Utilisez cette séquence simple en trois étapes. Elle arrive tôt dans la Super Structure car elle vous permet de « qualifier », de filtrer les clients potentiels, et de ne pas faire perdre de temps à ceux qui ne sont pas intéressés.

- Étape 1 : vous expliquez que vous allez poser une question.
  - « Je veux vous faire gagner du temps : répondez rapidement à ces 3 petites questions. »
  - « J'ai une question rapide à vous poser. Est-ce que... »
  - « Mais avant de vous en dire plus, j'aimerais que vous répondiez à ces 3 questions rapides... »

- Étape 2 : vous posez les questions au lecteur.

J'ai 3 questions rapides à vous poser. Est-ce que… ?

  - Est-ce que vous en avez marre de… ?
  - Est-ce que vous aimeriez vous débarrasser de… ?
  - En avez-vous assez de… ?
  - Faites-vous partie des X % de Français qui souffrent de… ?
  - Est-ce que vous ne préféreriez pas que… ?
  - Si vous aussi, vous… ?

- Étape 3 : la phase de validation.
  - Si vous avez répondu oui à au moins deux questions, alors lisez vite ce qui suit !
  - Si vous vous êtes reconnu et que ces soucis vous gênent, lisez vite ce qui suit !
  - La plupart de mes coachés répondent oui à deux ou trois de ces questions, vous n'êtes pas seul !
  - Si vous avez répondu oui à au moins deux questions, j'ai une bonne nouvelle pour vous !

Attention, subtilité ! La douleur vend plus que la douceur… mais jusqu'à un certain point. Attention à ne pas taper trop fort non plus. L'objectif est de donner envie d'acheter la solution, pas de replonger votre lecteur dans les affres de la douleur. Or, si vous tapez trop fort, si vous allez jusqu'à un seuil de douleur 9 ou 10, alors la solution de facilité pour votre lecteur sera de fermer la page plutôt que d'acheter votre offre.

# 14

# Les fausses solutions : préparer le prospect à votre offre

*« C'est la concurrence qui met un prix juste aux marchandises et qui établit les vrais rapports entre elles. » Montesquieu,* De l'esprit des lois

Pour convaincre votre client de la qualité de votre offre, vous pourriez utiliser tous les synonymes à votre disposition : la meilleure, la plus efficace, la plus simple, la plus plébiscitée par le marché. Ou vous pourriez rapidement réfuter l'idée même de concurrence en parlant intelligemment des autres solutions. Vous ne pouvez pas les dénigrer purement et simplement : quand Sony Music veut signer avec un artiste sur un label, les managers ne vont pas se contenter de dire « Universal et Warner, c'est nul ». Vous devez rester mesuré dans vos attaques contre la concurrence pour la critiquer de manière crédible. Certains experts parlent de « judo marketing » pour « retourner » le client et lui faire voir le problème initial sous un nouvel angle.

Avant de proposer votre solution, vous devez raconter à votre prospect que vous aussi, vous avez cherché à vous en sortir par vous-même. Vous devez lui raconter que vous avez testé les solutions existantes sur le marché. Mais que rien n'y a fait, vous avez perdu temps, énergie, santé, argent, honneur, amis, à tester ces fausses solutions.

Prenons l'exemple d'un coach en greffe de cheveux, qui vous aiderait à trouver une clinique pour vous faire réimplanter votre crinière. Il pourrait vous raconter que comme tous les hommes qui se dégarnissent, il a commencé par se coiffer différemment. Puis s'est mis à porter un bonnet et une casquette partout. Puis il vous dirait qu'il s'est laissé pousser les cheveux pour tenter de camoufler les trous de plus en plus visibles. Il pourrait aussi vous parler des fausses solutions médicamenteuses, des shampoings redensifiants qui ne font pas grand-chose, et de l'option « je me rase le crâne et je me mets à la musculation pour attirer le regard ailleurs que sur mes cheveux ». Toutes ces solutions alternatives existent mais ne sont pas satisfaisantes, ou sont trop chères.

C'est à ce moment que la révélation arrive dans votre page de vente : vous proposez une solution bien plus simple, bien mieux cadrée. Dans notre exemple : la greffe de cheveux, encadrée par des professionnels.

À la fin de ce bloc de texte de fausses solutions, n'oubliez pas de rappeler le coût psychologique, émotionnel, en temps et en argent de tous ces tests qui n'aboutissent à aucun résultat concret. Prenons l'exemple d'un régime minceur. Les fausses solutions seraient probablement de tenter une monodiète (un seul aliment, dangereux pour la santé ?), de se mettre à courir tous les jours (dangereux pour les genoux ?), de sauter des repas (dangereux pour la santé, dangereux pour la vie sociale ?). Vous devez rappeler que ces solutions ne tiennent pas, ne sont pas durables, avant de proposer votre solution.

### Exemples de rédaction

« Après avoir acheté les parfums les plus chers du marché, après m'être ruiné la santé en sortant trois soirs par semaine, après avoir investi dans des séances avec un photographe pour avoir de belles photos sur les sites de rencontres, j'étais toujours aussi seul et incapable d'attirer qui que ce soit. J'avais perdu du temps, de l'argent, et mon estime de moi-même se dégradait. C'est là que l'évidence m'est apparue : j'avais besoin d'un coach en séduction. »

« J'ai essayé de m'en sortir par moi-même. Je me suis mis à boire cinq à six cafés par jour, j'ai commencé à me ronger les ongles, et j'avais toujours un Kinder Bueno ou un Mars à la main. Les Nicorette ne me faisaient rien, j'avais envie de fumer quand même. Je ne voulais pas aller voir un hypnotiseur. J'allais de plus en plus mal alors que la solution était là, sous mes yeux depuis le début : j'ai enfin décidé d'ouvrir le livre *Arrêtez de fumer*, et depuis ma vie a changé ! »

### RÉSUMÉ

Les fausses solutions ne résolvent pas le problème.

Les fausses solutions vous font perdre vos ressources.

Avant de devenir expert sur le sujet, vous étiez comme tout le monde et vous avez testé ces fausses solutions vous aussi avant de trouver LA solution, que vous désirez aujourd'hui partager avec tout le monde.

# 15

# Promettez des lendemains qui chantent avec le *future pacing*

*« Le travail paie dans le futur, la paresse elle paie comptant. »*
*Jacques Dutronc*

Pourquoi les concessionnaires automobiles font-ils des journées portes ouvertes ? Pourquoi les agents immobiliers du show Netflix *Selling Sunset* sont-ils capables d'investir plus de 40 000 $ pour décorer une maison à vendre ? Pourquoi les opticiens vous permettent-ils d'essayer vos lunettes en ligne ? Une seule raison : la projection ! Tous les vendeurs ont besoin que le prospect se projette, qu'il s'imagine dans le futur en train d'utiliser leurs solutions. La logique est simple : le prospect a un problème à résoudre, vous proposez une solution qu'il achète et sa douleur disparaît.

Ce bloc de texte, le *future pacing* (la situation idéale), est d'une redoutable efficacité car il utilise des découvertes des neurosciences pour convaincre le prospect. En effet, le cerveau a du mal à faire la différence entre ce qui est vrai ou pas. Imaginez un écran dans votre cerveau : ce qui est projeté sur cet écran, vrai ou faux, devient réel pour vous en termes de sensations. Avec le pouvoir des mots, je peux matérialiser ce que je veux dans votre esprit, je peux rendre tangible des situations pourtant inexistantes. Si je vous demande par exemple de NE PAS imaginer une plage paradisiaque, vous ne pouvez pas vous en empêcher, l'image s'imprime automatiquement dans votre tête. Et c'est pour cela que vous allez utiliser dans votre page de vente cette technique du *future pacing*, issue de la PNL (la programmation neurolinguistique). Cela signifie que vous allez demander à votre prospect de s'imaginer, de vivre, de ressentir sa situation idéale. Votre objectif est simple : qu'il se sente apaisé, qu'il réussisse à associer cette sensation de bien-être à l'utilisation de votre offre. Alors c'est gagné : finies les ténèbres, votre prospect sera motivé pour investir dans votre offre pour voir la lumière.

## Trois stratégies pour aider votre prospect à se projeter dans sa situation idéale

Tout d'abord, même si vous êtes spécialiste des mots, vous savez à quel point la visualisation est importante. Vous devez aider votre prospect à se projeter au moyen d'images. Si vous écrivez une page de vente, illustrez l'avenir radieux que vous voulez vendre avec des sourires. Les gens heureux, c'est motivant, on a envie de les suivre. Si vous réalisez une vidéo de vente, idem : insérez des plans avec des gens ayant atteint leurs objectifs (financiers, perte de poids, fin des douleurs de dos, fin du célibat, fin du deuil, etc.).

Ensuite, vous allez devoir trouver les mots pour peindre cette image mentale dans le cerveau de votre prospect. Prenons un exemple :

« Je vais vous demander de me suivre un instant pour un petit exercice facile. Pour le moment, vous êtes surtout frustré d'avoir fait des mauvais choix financiers. Mais vous pourriez y voir plus clair. Imaginez un instant ce que sera votre vie quand vous rentrerez du travail sans aucun stress financier. Quand vous saurez que votre compte en banque est plein. Quand vous pourrez vous arrêter le soir chez un bon traiteur pour faire plaisir à votre famille. Imaginez ce que sera votre vie quand le samedi, vous ne ferez plus uniquement du lèche-vitrines mais que tout vous sera permis. Visualisez le bien-être de ces prochaines vacances à la plage, quand vous le voudrez, parce que vous aurez enfin conquis votre autonomie financière. Hôtels 5 étoiles, les plus grands restaurants, une plus grande maison : votre famille sera fière de vous, et vous, vous tiendrez enfin votre revanche sur la vie. Vous ne serez plus jaloux de vos concurrents : vous vous concentrerez simplement sur votre bonheur et celui de votre famille. »

Si vous décidez d'écrire une page de vente, illustrez fortement ce bloc de texte. Ici, j'aurais choisi une photo de plage, d'hôtel et probablement une boutique de luxe, ainsi qu'une famille heureuse à l'image de certaines vieilles campagnes de la marque Tommy Hilfiger.

Enfin, la technique de copywriting ultime est punk : no future !

Vous pouvez venir comme vous serez ? Non. « Venez comme vous êtes », pour McDonald's. Ça va être bon, vous allez venir chez Quick ? Non. « C'est bon, vous êtes chez Quick. » Personne n'aime attendre. Personne n'aime qu'on lui dise « bientôt, dans un futur proche… » Le client veut tout, tout de suite. Et pour le conditionner encore plus facilement, n'écrivez pas au futur : utilisez le présent ! Si le futur est le refuge des procrastinateurs et de ceux qui se trouvent des excuses, le présent est le temps de la vie et du passage à l'action. Vous êtes prêt pour le jeu des 7 différences ?

« Je vais vous demander de me suivre un instant pour un petit exercice facile. Par le passé, vous avez surtout été frustré d'avoir fait des mauvais choix financiers. Mais vous y voyez maintenant plus clair. Imaginez un instant votre vie ce soir, quand vous rentrez du travail sans aucun stress financier. Parce que vous savez que votre compte en banque est plein. Que vous pouvez vous arrêter le soir chez un bon traiteur pour faire plaisir à votre famille. Imaginez votre vie le samedi, léger, détendu. Terminé le lèche-vitrines parce que vous pouvez tout vous permettre. Visualisez ce bien-être apaisant : vous êtes en vacances sur une plage paradisiaque, comme quatre fois par an, parce que l'argent n'est plus un sujet de conversation depuis que vous avez conquis votre autonomie financière. Hôtels 5 étoiles, les plus grands restaurants, une plus grande maison : votre famille est fière de vous, et vous, vous tenez enfin votre revanche sur la vie. Vous n'êtes plus jaloux de vos concurrents : vous vous concentrez simplement sur votre bonheur et celui de votre famille. »

Mettre les textes de visualisation au présent !

# 16

# Comment mettre en avant les bénéfices de votre offre

*« À mon signal, déchaîne les enfers ! » Gladiator*

Vous avez déjà identifié les douleurs de votre prospect, c'est le moment de l'aider à atteindre la solution. Le cœur du spectacle est ici, c'est maintenant que vous allez faire basculer le prospect de l'intérêt au désir. C'est le bloc de texte de votre Super Structure qui met l'eau à la bouche, qui donne envie. C'est le D de AIDA. Avec votre titre et votre *call-to-action*, les bénéfices sont le bloc de texte sur lequel vous devez passer le plus de temps. Ce bloc de texte répond à la question que se pose votre lecteur : « À quoi ça sert ? Qu'est-ce que ça va m'apporter dans la vie ? »

Pour réussir votre liste de bénéfices, vous allez mélanger les mots magiques, les nombres magiques et les titres qui tuent. Parce qu'au fond, un bénéfice, c'est très souvent un titre, une promesse qui aurait parfois pu se retrouver en haut de votre page de vente, en titre principal.

## Comment bien rédiger votre liste à puces de bénéfices ?

Un bénéfice se présente souvent sous forme d'une liste à puces, il est rarement isolé. En effet, votre offre ne résout pas qu'un problème pour votre prospect. Un dentifrice, par exemple, peut avoir cinq bénéfices : il sert à blanchir les dents, à les garder saines et à éviter les caries, à avoir une bonne haleine et à protéger les gencives. Votre offre a forcément plus d'un bénéfice. Essayez d'en lister au moins cinq à sept. En dessous, ça risque de faire léger. En termes de construction de phrase, ne réinventez pas la roue, reprenez le chapitre sur les titres ou le modèle OPEN de la promesse.

- Variez les formulations : utilisez « pourquoi », « comment », « ce que vous cachent les… », « la méthode », « l'erreur », « les 7 étapes précises pour… », « le secret des experts pour… », « ce que vous ne devez jamais faire si… ». Ne répétez pas en boucle « pourquoi » et « comment », au risque de lasser votre lecteur.
- Variez la force de vos puces. J'aimerais lire une page de vente où toutes les puces seraient très impactantes, mais ça n'existe pas. Il y a toujours des puces moins fortes que d'autres, qui n'intéresseront pas autant de lecteurs. Ne gardez pas vos puces les moins fortes pour la fin : essayez plutôt de les glisser au milieu de votre liste. Et si possible, alternez les fortes et les moins fortes. Et mettez les plus fortes en gras, pour qu'elles attirent encore plus l'œil et soient mieux mémorisées.

- Alternez aussi la longueur de vos puces : vous pouvez en proposer des très courtes et intrigantes, et développer les autres à la manière d'une promesse. En faisant cela, vous dynamisez la lecture, vous aérez votre page de vente.
- Soyez précis et commentez vos puces (parfois, vous pouvez ajouter à la fin de la puce : « page XX », « dans le module XX », « c'est ma technique préférée » ou « c'est la première technique que j'ai apprise et je m'en sers encore aujourd'hui ! »).
- Listez les bénéfices sur un document dédié, à mesure que vous avancez dans la création de votre offre. Une fois que vous avez toutes vos puces, supprimez les plus faibles et les répétitions.
- Misez sur le gras, l'italique, le surlignage en jaune, mais pas le soulignage. Réservez le soulignage aux liens cliquables (dans vos newsletters ou dans vos articles par exemple).
- Utilisez des standards de présentation en matière de puces : ☑️, ✔️, ❤️. À vous de voir ce qui se prête le plus à votre niche. Tenteriez-vous 😺 pour une offre pour les chats ? 💪 en guise de puce pour les bénéfices d'un coaching sportif ?

## La méthode du lecteur imaginaire pour savoir si votre bénéfice est convaincant ou s'il ne sert à rien

Au moment d'évaluer votre liste de bénéfices, vous risquez de vous demander si tous servent vraiment à quelque chose. La technique est simple pour savoir si c'est un vrai bénéfice ou du vent : si votre bénéfice ne répond à aucun besoin fondamental de la pyramide de Maslow, c'est du vent, c'est une ligne qui ne sert à rien (et vous pouvez l'effacer).

Imaginez que vous vendez un marteau. Votre bénéfice version 1 : « En plus, ce marteau a un manche avec un plastique ultra adhérant. »

Le lecteur imaginaire : « Et alors ? »

Vous : « Et alors, ça vous aide à mieux tenir le manche du marteau. »

Le lecteur imaginaire : « Et alors, par rapport à un manche normal ? »

Vous : « Et alors, ça vous aide à éviter que le marteau vole dans les airs et ne blesse quelqu'un ! » Là, à ce stade, vous avez identifié le vrai besoin fondamental, présent dans la pyramide de Maslow : la sécurité. Ce qui vous permet de rédiger une version 2, plus convaincante, de votre bénéfice.

Votre bénéfice, version 2 : « Son nouveau manche antidérapant vous permet de travailler en toute sécurité, même si vous faites des travaux sous le soleil et transpirez beaucoup. »

Beaucoup plus clair, n'est-ce pas ? Je vous invite à utiliser le lecteur imaginaire pour évaluer l'impact de chacun de vos bénéfices.

## Les 13 phrases à copier-coller que vous pouvez utiliser à la place de « pourquoi » et « comment » pour rédiger vos bénéfices

Quand vous présentez les bénéfices, utilisez une phrase qui introduit la liste à puces. Ça peut être une phrase comme : « Et si vous suivez les conseils que je vais vous révéler, vous apprendrez à… » ou : « Dans cette formation, vous allez découvrir… ».

- Les bases du copywriting (et vous pouvez les maîtriser rapidement grâce à la Super Structure).
- Les 7 secrets pour obtenir plus de clients, plus vite, même en partant de zéro.
- La méthode précise pour que votre chien finisse toujours sur le podium du concours de beauté national.
- L'erreur que commettent tous ceux qui ne finissent pas leur premier marathon (et comment éviter cette erreur).
- Ce qui pousse vraiment 90 % de vos lecteurs à acheter (et cela n'a rien à voir avec votre offre).

- LA meilleure manière d'obtenir 3 fois plus de likes et de commentaires sous vos photos (même celles prises à l'arrache et pas retouchées !)
- OPEN : l'acronyme qui va vous aider à rédiger votre promesse et captiver votre lecteur, même si c'est votre première page de vente.
- La stratégie émotionnelle indétectable pour faire bonne impression lors de votre premier rendez-vous (et comment mettre toutes les chances de votre côté sans vous noyer sous le parfum ni l'inviter dans un restaurant cher).
- La technique la plus sûre pour faire publier votre livre par un vrai éditeur (même si on vous fait croire que l'autoédition rend millionnaire).
- Je vous révèle aussi les 7 étapes exactes pour bien démarrer votre journée et perdre du poids dès le petit déjeuner avec ces rituels oubliés (et simples !).
- La raison exacte qui pousse des dizaines de lecteurs à se désabonner de votre newsletter (et comment leur donner envie de rester).
- Le formulaire indispensable que vous devez mettre en ligne pour vous débarrasser des mauvais clients et garder les meilleurs.
- Je vous dévoile des exemples précis d'investissements à moins de 200 € pour devenir indépendant financièrement avant 40 ans.

# 17

# Les caractéristiques de l'offre : comment en parler ?

*« Du pain, du vin, du Boursin. »*

Notre travail de copywriter consiste à présenter l'information de la manière la plus convaincante et alléchante possible. Si notre édifice repose sur la promesse et les bénéfices pour le client, ne négligez pas les caractéristiques de votre produit. En effet, il y a toute une catégorie d'acheteurs très consciencieux qui veulent savoir précisément ce que contient votre offre, comment elle est faite, comment elle sera livrée, combien de temps ils pourront en bénéficier, etc. Si les bénéfices client répondent à la question « Pourquoi j'achèterais ça ? », les caractéristiques répondent à la question « Qu'est-ce que j'achète précisément ? » :

- le temps de livraison (immédiat par mail ? livraison par la Poste ou coursier ?) ;
- les dimensions : poids, taille, hauteur, largeur du colis, nombre de paquets ;
- le nombre de pages de la formation (livre/e-book), le nombre de vidéos disponibles, le nom de la plateforme d'hébergement, des vidéos en 4 K, le temps de chargement, la compatibilité avec les smartphones, les sous-titres ;
- la durée du coaching, le nombre de sessions physiques, en ligne, en groupe ;
- la disponibilité du coach (au téléphone, par mail, par texto) ;
- les horaires d'accès.

## À quel moment parler des caractéristiques ?

Présentez les caractéristiques de votre offre au moment où vous la révélez, ainsi que son nom.

- « Et c'est pour cela que j'ai décidé de partager avec vous cette nouvelle méthode MAGIQUE dans une formation de 20 vidéos d'une durée de 5 à 10 minutes, accessibles en deux clics sur votre espace membre. »
- « Et parce que je voulais partager cette découverte avec le plus de monde possible, j'ai décidé d'organiser ce savoir dans une formation qui s'appelle Mega-Millionnaire. Elle dure 3 heures, est accessible sur toutes les tablettes et smartphones. Vous y découvrirez… »
- « Et c'est pour cela que j'ai décidé de rouvrir mon programme de coaching CONVERSION. Il dure 3 mois et je vous retrouve en direct tous les samedis après-midi de 14 à 15 heures. Un replay est ensuite disponible dans votre espace membre. Dans cette formation, vous apprendrez notamment… »

Puis vous enchaînez avec les bénéfices.

## Devez-vous mêler les caractéristiques et les bénéfices ?

Je vous recommande de séparer le plus strictement possible caractéristiques et bénéfices. Mais parfois, l'aspect technique ne « parle » pas assez aux prospects, comme dans ces deux exemples :

- « Batterie au lithium-ion 4680 (Tesla). »
- « Le MacBook Air est équipé d'un processeur Intel Core i7 quadricœur à 1,2 GHz, d'une carte graphique Intel Iris Plus Graphics, de 16 Go de RAM et d'un SSD de 2 To (Apple). »

N'étant pas très fan de technique moi-même, si je vois uniquement ces caractéristiques, je vous répondrai comme le client imaginaire : « Oui. Et alors ? » Ça ne voudra rien dire pour votre prospect.

Dans ce cas, utilisez la caractéristique pour introduire un bénéfice dans votre bloc de texte des bénéfices. Exemples :

- « Sa batterie aux cellules lithium-ion 4680 (46 mm de diamètre pour 80 mm de haut) vous permet de faire un Paris-Deauville (200 km) en une recharge (Tesla). »
- « Sa formule enrichie en taurine combat les pellicules et ralentit la chute de cheveux (L'Oréal). »

Qui sait ce qu'est vraiment le lithium-ion ou la taurine ? Pas grand monde. Donc si vous vendez des offres techniques, vous pouvez mélanger caractéristiques et bénéfices. Ce n'est pas un hasard si Apple a écrit : « des processeurs jusqu'à deux fois plus performants » avec un astérisque qui mène à la caractéristique complète.

Idem si vous manquez de bénéfices : vous pouvez utiliser les caractéristiques pour allonger votre bloc de texte « bénéfices » de quelques lignes :

- « Contactez votre coach, disponible 24h/24 : il vous aide à atteindre vos objectifs et vous remotive même pendant vos moments de doutes. » (Plus complet que « coach dispo 24h/24h ».)

- « Profitez de vos 21 vidéos accessibles 24h/24 pour vous former et apprendre quand vous voulez, sans attendre qui que ce soit. » (Plus complet que « 21 vidéos dispo H24 ».)
- « Grâce aux 10 ans d'expérience de votre coach, rejoignez rapidement le club de ceux qui gagnent plus de 8 000 € par mois ! »

## Quand les caractéristiques renforcent la crédibilité

Votre voiture est allemande ? Votre graphiste a travaillé pour Pixar ? Votre coach a fait HEC ? Vous créez des sacs à main bio et vous travailliez auparavant pour LVMH ? Votre arrière-grand-père a inventé le surf et vous vendez des planches à Hossegor ? Vous vendez une offre publicitaire aux petites entreprises et étiez commercial chez Facebook avant ? Parfois, les caractéristiques de l'offre jouent en sa faveur pour convaincre le prospect d'acheter.

En septembre 2020, la marque Provamel communiquait ainsi uniquement sur des caractéristiques du produit, pas sur les bénéfices.

## Des pictos, des pictos, encore des pictos !

Même si vous n'êtes pas graphiste, utilisez des pictogrammes pour rendre les caractéristiques de votre offre encore plus claire. Vous trouverez des pictogrammes libres de droit sur de nombreux sites (Freepik, icon-icons, iconmonstr, iconexperience...).

Accessible 24h/24

100 % recyclable

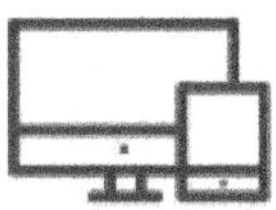
Programme numérique, compatible smartphone, tablette, ordinateur

Utilisez entre trois et six pictos, c'est suffisant. En dessous de trois, ça manque de corps, au-delà de six, ça rajoute des écrans sur la navigation, tant sur mobile que sur ordinateur.

Voici un bon exemple de présentation des caractéristiques avec des pictos (Cleo, agence immobilière en ligne).

# 18

# Le storytelling, ou comment raconter des histoires qui font vendre

*« Or le prodigieux est agréable ; j'en donne pour preuve que tous, lorsqu'ils font un récit, en rajoutent toujours, pour produire du plaisir. »* Aristote, Poétique

Votre page de vente doit raconter une histoire, parce que rien n'est plus fascinant qu'une bonne histoire. Depuis la nuit des temps, nous nous rassemblons pour écouter les conteurs et ceux qui nous font vibrer, nous procurent des émotions grâce aux histoires captivantes qu'ils racontent. Que l'on découvre *Harry Potter*, *Le Seigneur des*

*Anneaux* ou qu'on regarde un énième *Dragon Ball Z*, *Star Wars* ou un Marvel, la structure est toujours la même, et pourtant, on reste jusqu'au générique final. Une bonne histoire déclenche des émotions, et c'est grâce à l'équilibre parfait entre émotions et raison que votre prospect sera convaincu et se laissera tenter par votre offre.

## Quelle histoire raconter pour donner envie ?

Une *success story*, bien entendu ! Deux options s'offrent à vous : vous pouvez raconter l'histoire d'un client type, qui a subi la douleur que votre lecteur subit aussi ; ils souffrent tous les deux de la même frustration et vont aller mieux grâce à votre offre. Ou vous pouvez décider de raconter votre histoire, celle qui a fait de vous un expert aujourd'hui capable de résoudre les douleurs des clients. Les deux types d'histoires fonctionnent et vous permettent d'immerger le lecteur dans la réalité de son problème, puis de lui montrer qu'il va pouvoir, lui aussi, s'en sortir grâce à votre offre.

## Objectif : identification et projection

À quoi sert le storytelling ? Ce bloc de texte doit aider le lecteur à s'identifier, à vous ou à vos clients. Pourquoi Spiderman touche-t-il autant les adolescents ? Parce qu'il raconte l'histoire DES adolescents : pas accepté comme il est, son corps change, maladroit avec les filles, il est l'incarnation de l'adolescent dans lequel on peut se projeter. Dans votre page de vente, que vous racontiez votre parcours de « zéro à héros » ou la *success story* d'un client, votre lecteur doit se reconnaître dans les douleurs, puis se projeter dans la victoire et la résolution du problème. Si vous ne racontez pas vos échecs initiaux, en tant qu'expert, vous courrez toujours le risque de passer pour un monsieur ou une madame « je-sais-tout », et personne n'aime ce genre de personnages. Or, quand vous racontez votre histoire, cela vous rend plus vulnérable, plus réel, plus humain : touché, ému, le prospect vous trouvera bien plus accessible, lira plus, et achètera plus !

## Comment structurer votre bloc de storytelling ?

Si vous voulez étudier les structures narratives (ce que je vous recommande de faire), lisez *Story* de Robert McKee, *L'anatomie du scénario* de John Truby et *Le héros aux mille et un visages* de Joseph Campbell. Personne ne vous force à passer par les 12 étapes dans votre page de vente : ça peut être très long, or votre lecteur n'a pas de temps à perdre. Pour captiver votre lecteur, respectez au moins ces quatre fondamentaux d'une bonne histoire :

- un héros ;
- un problème ;
- un voyage, une quête, une aventure ;
- la résolution du problème (la fin, le retour à la normale).

Voici trois exemples pour illustrer cette structure simple :

- *Le Roi Lion* : le héros, Simba, perd son père et est chassé de la terre des lions par son oncle Scar. Simba découvre un ailleurs avec Timon et Pumba, il grandit, revient affronter Scar et prendre sa place sur le trône.
- *Star Wars* : le héros, Luke Skywalker, perd son père et sa mère. Il part à l'aventure avec son maître Obi-Wan, rejoint la Rébellion, affronte Dark Vador et l'Empire. L'étoile de la Mort est détruite, la paix est restaurée dans la galaxie.
- *Crazy, stupid, love* : la femme du héros veut divorcer. Steve Carell se fait coacher par Ryan Gosling pour devenir plus attirant, plus viril. Il réussit à séduire sa femme à nouveau.

## Exemple de storytelling inspirant : le cas Respire

Voici un très bon exemple de storytelling sur une page de vente (ici, le site de produits de beauté Respire, qui utilise l'histoire personnelle de la fondatrice, Justine Hutteau).

Héroïne : Justine.

Problème : une tumeur.

Voyage, quête, aventure : recherche de produits cosmétiques sains.

Résolution du problème : Justine crée Respire, sa marque saine, naturelle, faite en France, vegan et recyclable.

Mon conseil : utilisez à la fois votre propre histoire et celles de vos clients, à différents endroits de votre page de vente, pour renforcer le côté réel et concret de votre offre.

# 19

# Crédibilité et autorité : utilisez ces principes pour rassurer !

*« Un expert, c'est un homme ordinaire qui donne son avis… quand il n'est pas à la maison. » Oscar Wilde*

Dans une ère de désinformation, d'arnaques en ligne et de *deep fakes*, votre crédibilité et votre autorité seront des atouts précieux et nécessaires dans votre page de vente si vous voulez que votre lecteur vous fasse confiance.

Avez-vous déjà douté de votre crédibilité en tant qu'expert ? Avez-vous déjà de l'expérience mais vous sentez-vous bloqué par le syndrome de l'imposteur, parce que vous n'avez pas assez de diplômes, pas assez d'expérience à votre goût ? Si vous voulez progressivement dépasser cette angoisse de ne pas être assez bien, pas au niveau, bâtissez votre crédibilité. Elle vous procurera deux avantages importants : elle vous rassurera et elle rassurera vos prospects.

Le copywriting, à 80 %, c'est l'art de rassurer votre prospect. Il doit pouvoir vous faire confiance une fois qu'il aura lu ou entendu tous vos arguments à la fin de la page de vente. Malgré tout, même si vous maîtrisez le pouvoir des mots, certains prospects très méfiants prendront le temps d'aller chercher sur le Web pour en savoir plus sur vous, pour savoir si vous êtes vraiment crédible et si vous êtes vraiment l'expert que vous prétendez être. Même si vous êtes le meilleur dans votre domaine, même si vous aidez vos clients à obtenir de bons résultats, ce n'est pas tout de le savoir : vous devez le faire savoir. Utilisez les sept techniques ci-dessous pour être encore plus crédible aux yeux de vos prospects et pour rappeler votre expertise.

- Existez en ligne, soyez trouvable ! Un site d'entreprise, c'est bien, un profil LinkedIn ou Facebook, c'est encore mieux pour montrer que vous existez, que vous êtes une vraie personne, avec une vraie vie, des amis et des loisirs. Privilégiez les plus gros réseaux sociaux, là où se trouvent vos prospects (Instagram, LinkedIn, Twitter, Facebook...) et soyez référencé sur Google Maps ou Pages Jaunes. Vous vendrez bien plus facilement vos infoproduits si le prospect sait qu'il peut s'adresser à une vraie personne en cas de question.
- Publiez du contenu gratuit, tenez un blog : c'est le premier pas vers l'expertise. Enseigner une discipline vous forcera à devenir encore plus clair. Si vous êtes coach ou consultant, tenir un blog vous forcera à clarifier votre réflexion, à mieux expliquer vos méthodes et à creuser les définitions et les concepts. Plus vous publierez, plus vous proposerez de contenu gratuit, plus votre crédibilité grandira aux yeux de vos prospects. Proposez des livres blancs, des études de cas, des e-books gratuits à

télécharger : cela vous permettra de rassurer votre prospect et d'établir un premier contact avec lui (et de récupérer son adresse mail au passage). Si vous n'aimez pas écrire et êtes plus à l'aise en vidéo, ouvrez votre chaîne sur YouTube et publiez une nouvelle vidéo par semaine si vous le pouvez. Si vous n'avez pas de blog, écrivez des publications sur les réseaux sociaux (LinkedIn et Facebook notamment) ou ouvrez un compte sur la plateforme Medium pour partager vos idées.

- Faites parler vos diplômes ! Si vous en avez, ils auront pour effet de rassurer vos prospects. Par exemple, dans une de mes pages de vente, je mets en avant mes trois licences et certifications Content Marketing, Frictionless Sales et la Certification Google Ads pour la publicité vidéo.
- Faites parler vos années d'expérience, à défaut des diplômes. Dans un monde où nous changeons tous rapidement de carrière et où les reconversions deviennent la règle, une longue expérience jouera en votre faveur, à la manière de Nike (1972) ou Levi's (qui rappelle sur l'étiquette de ses jeans « Breveté en 1873 ») ou du gros logo « 75 » que les studios Warner Bros arboraient pour leur 75e anniversaire (hâte de voir celui pour les 100 ans en 2023 !
- Mêlez-vous à la conversation des experts et soyez associé à cette expertise. Si Jim Rohn, l'un des maîtres à penser de Tony Robbins, déclarait qu'on est la moyenne des cinq personnes avec qui on interagit le plus, devenez facilement la moyenne de cinq experts dans votre domaine. Identifiez et sélectionnez sur LinkedIn et Twitter les 10 experts de votre domaine, et prenez chaque jour une heure pour aller commenter leurs *posts*. Ces réactions s'affichent sur votre profil, vos prospects pourront donc voir que vous jouez dans la même cour que ces experts. Postez des commentaires intelligents et pertinents pour obtenir des réponses. Peu à peu, vous bâtirez de vraies relations avec ces experts. Une fois que vous aurez obtenu la confiance de l'un de ces experts, proposez-lui d'écrire trois à

cinq articles gratuits pour son blog. Cette pratique du *guest blogging* (aller écrire sur les blogs des autres) vous permettra d'étendre les mailles de votre filet en ligne et de renforcer votre crédibilité. Si vous sentez que l'expert vous aime bien, demandez-lui le droit de signer vos articles de votre nom. Et s'il vous aime vraiment bien, demandez-lui d'ajouter un lien vers votre site. En vertu du principe de réciprocité de Cialdini, ça devrait passer !

- Participez à des conférences ! Assistez à des conférences et des salons professionnels, et prenez des photos pour matérialiser votre présence et renforcer l'impression d'expertise aux yeux de vos prospects. Pour devenir LA référence sur un sujet, participez à une conférence TED (c'est une association qui partage des idées « qui en valent la peine »).
- Devenez le centre de l'attention. Interviewer des experts, c'est bien, c'est un premier pas pour vous faire connaître dans le milieu. Mais être interviewé, c'est mieux : vous ne devez pas tenir le micro aux autres, on doit vous le tendre ! Pour « remonter la chaîne », comme le suggère le marketeux Ryan Holiday dans *Croyez-moi, je vous mens !*, commencez par des journalistes locaux, puis régionaux, puis nationaux. Si vous avez un bon relationnel et que vous sortez beaucoup, vous rencontrerez facilement des journalistes qui seront heureux de relayer votre histoire. Si vous voulez accélérer le processus, engagez une agence de relations presse. Et si vous voulez vraiment qu'on parle de vous et qu'on vous interviewe en tant qu'expert : écrivez un livre. C'est le moyen le plus sûr d'obtenir des interviews sur le Web, pour des blogs, sur les radios, pour des podcasts, à la télé, et pour être invité à des conférences. N'oubliez pas de faire figurer sur votre offre et votre page de vente les logos des chaînes de télévision, des stations de radio et des journaux qui vous ont interviewé. La mention « Vu à la télé », ça rassure !

# 20

# Preuve sociale et témoignages

*« La plupart des hommes sont incapables de se former une opinion personnelle mais le groupe social auquel ils appartiennent leur en fournit de toutes faites. »*
*Gustave Le Bon*

Comment pousser votre lecteur à l'achat ? Comment lui prouver qu'il fait le bon choix, comme tous vos autres clients avant lui ? Réponse : utilisez habilement la preuve sociale !

## Preuve sociale : définition

Voici une explication donnée par Robert Cialdini, auteur d'*Influence et Manipulation* : « Habituellement, quand un grand nombre de gens fait quelque chose, nous comprenons que c'est la meilleure chose à faire. Cette vérification par les faits est à la fois la force et la faiblesse du principe de la preuve sociale. [...] La preuve sociale représente un raccourci commode, mais elle rend en même temps celui qui l'emprunte vulnérable aux assauts des profiteurs embusqués sur le chemin. »

Imaginez deux restaurants en bord de mer, A et B, quasi identiques. S'il y a cinq tables pleines chez A mais seulement deux chez B, notre cerveau prendra un raccourci logique pour nous aider à faire notre choix : « Il y a plus de monde chez A : A doit être meilleur. » Pourquoi ? Parce que le choix du groupe a quelque chose de rassurant. Dans notre tête, nous nous disons : « Si plus de monde fait le choix de A, c'est qu'il doit y avoir une bonne raison. Ils doivent être du coin. B doit être un piège à touristes ! Je veux faire le bon choix moi aussi, je vais chez A ! » Cette méthode de décision (appelée heuristique), basée sur une analyse rapide et incomplète de la situation, permet d'aboutir en un temps limité à des conclusions vraisemblables.

Votre prospect veut être fier de lui et faire le bon choix. Il ne veut pas avoir honte d'un achat qui ne lui servira pas. Alors pour lui prouver qu'il fait le bon choix, montrez-lui que « des gens comme lui » (expression consacrée par le marketeur de génie Seth Godin) ont sauté le pas avant lui.

Aujourd'hui, la preuve sociale, le bouche-à-oreille, existent toujours physiquement. Mais ils sont complétés par la recommandation sociale : les étoiles et les bonnes notes sur Allociné, TripAdvisor et l'AppStore servent à rassurer le prospect et font de plus en plus souvent partie de son parcours client. Découvrez ci-dessous les trois catégories de preuve sociale et comment bien utiliser les témoignages clients pour rassurer votre prospect.

## Les trois niveaux de preuve sociale

- Le bouche-à-oreille, vieux comme le monde

C'est une recommandation sociale d'un utilisateur lambda. C'est votre voisin qui vous recommande un nouveau restaurant, vos parents qui vous disent de regarder *Plus Belle la vie*, votre collègue qui veut que vous vous inscriviez dans la même salle de sport que lui. C'est l'entraide entre mamans, sur les forums, pour trouver le meilleur lait de bébé. Parmi les trois niveaux de preuve sociale, la recommandation sociale est la plus importante, et celle que vous pourrez utiliser pour vos témoignages clients (voir *infra*).

- L'autorité

Quand Thomas Pesquet donne des conseils pour réussir le confinement, on l'écoute. Quand Marc Simoncini explique comment lancer une entreprise, ou Warren Buffet comment investir son argent, idem. Quand le magazine des tendances *Technikart* donne son avis sur un nouvel album et décrète qu'il est bon, je l'écoute (l'avis, et l'album).

Quand une situation est incertaine (faire un achat par exemple), votre prospect n'est pas toujours armé pour répondre tout seul à la question : « Risqué ou pas risqué ? » Alors il va chercher une confirmation, une direction, dans l'avis de l'autorité. Quand l'autorité parle, le prospect écoute religieusement, et lui fait confiance. On fait confiance à la robe de l'avocat, on fait confiance au diplôme du médecin, on fait confiance aux années d'expérience et à la position hiérarchique élevée de l'autorité. Si l'autorité recommande un comportement ou un produit, on s'exécute, on achète les yeux fermés. C'est d'ailleurs en abusant de sa position d'autorité et sa réputation (président de grands fonds d'investissement et expert en sécurité des marchés financiers) que Madoff a pu mettre en place la plus grande pyramide de Ponzi au monde, l'arnaque du siècle.

Dans le cas de notre exemple de restaurants, imaginez qu'il y ait deux tables remplies chez A, et deux chez B. Mais que l'une des tables chez A est occupée par Philippe Etchebest et Gilles Pudlowski, deux « poids lourds ». Leur expertise en la matière, leur carrière, leur réputation feraient pencher votre balance interne vers A : les « autorités » pèsent plus que les clients anonymes.

• La célébrité (*endorsement*)

C'est l'influenceur que vous suivez sur les réseaux sociaux qui vous recommande l'Hôtel du Palais à Biarritz ou le nouveau biscuit de Ferrero. C'est Serena Williams, Maria Menounos (présentatrice américaine) et Marc Benioff (fondateur et PDG de Salesforce) qui recommandent le coach Tony Robbins sur la page d'accueil de son site. C'est James Bond portant un costume Tom Ford, une Omega Seamaster au poignet et sirotant un Vesper au bar. C'est l'équipe de France de football qui est reçue à l'Élysée en Smalto pour recevoir sa Légion d'honneur, c'est la campagne de Noël « Portal pour tous » de Facebook avec Éric et Ramzy, et Michael Jackson qui vend pour Pepsi. Le prospect a envie de ressembler à sa star, veut se rapprocher de son groupe de référence, veut lui aussi une part du rêve. Son raisonnement est le suivant : « Si ce produit est assez bon pour une star, il l'est aussi pour moi. » What else ? Le seul hic de cette stratégie ? Elle coûte souvent très cher et n'est pas accessible pour les petits business.

## Comment recueillir et présenter vos témoignages clients ?

### *Recueillir les témoignages clients*

Les témoignages clients sont précieux pour vos prospects : des gens comme eux utilisent vraiment votre offre et en sont satisfaits. Pour atteindre un bon chiffre d'affaires et la croissance nécessaire à votre développement, prenez l'habitude de recueillir les témoignages de vos clients. Les hôtels, les restaurants, les salons de beauté commencent à comprendre l'importance des avis clients et des notes sur TripAdvisor, Yelp, Booking, Thefork, sans oublier Google.

Le plus simple, pour recueillir l'avis d'un client satisfait, est de passer un peu de temps avec lui par téléphone et lui envoyer un mail avec un lien ou deux où il pourra poster son avis. Votre client est de bonne foi, il veut vous aider, mais souvent, si vous ne lui tenez pas la main, il rebroussera chemin au moindre souci technique. Par exemple, pour un de mes clients qui tient un salon de barbier, la stratégie est la suivante :

- bien accueillir le client, lui offrir un café et lui proposer une photo avant le rasage ou la coupe de cheveux ;
- offrir la meilleure qualité de service, écouter le client ;
- proposer une photo après le rasage, afin de proposer un avant/après sur le compte Instagram et le site du barbier. (Quand c'est sur Instagram, le barbier mentionne le client, toujours heureux de voir sa tête en ligne) ;
- après le paiement, demander au client, sur le ton de la confidence : « Je peux te demander un service ? J'essaie de développer le salon en ce moment, et avoir une bonne note et ton avis sincère sur Google et Treatwell (une plateforme de réservation des soins esthétiques) m'aiderait beaucoup. Tiens, je te laisse une carte pour que tu y penses chez toi, si tu as le temps. Ou si c'est plus simple pour toi, je t'envoie un mail ? »

Si vous vendez un infoproduit, un produit physique ou dispensez une formation en ligne ou en présentiel, idem : c'est le relationnel qui vous aidera à obtenir ces témoignages clients. Appelez vos clients, prenez 10 minutes avec eux pour savoir ce qu'ils ont aimé, ce qui est perfectible, puis demandez-leur de rédiger un témoignage client.

Une fois ce témoignage recueilli sur la plateforme de votre choix, exploitez-le, utilisez-le sur votre page de vente. Demandez au client s'il est d'accord pour que vous utilisiez son visage (une vraie personne rassure toujours plus un prospect qu'une photo de visage d'un mannequin acheté sur une base de photostock) ou mieux encore, s'il accepte de tourner une vidéo de témoignage au smartphone ou à la webcam pour vous.

### *Présenter vos témoignages clients et vos références clients*

Par exemple, pour introduire mes clients les plus prestigieux, j'utilise la phrase suivante : « Je ne vous demande pas de me croire. Croyez-les eux : … », puis je produis les témoignages de mes clients satisfaits, ainsi que leur photo et le logo de leur entreprise.

L'entreprise Outbrain rassure efficacement ses prospects : au-dessus des logos de tous ses clients, elle utilise la phrase suivante : « Vous êtes entre de bonnes mains. » Simple et efficace.

Enfin, l'entreprise de paiement Alma met en avant son expertise : « Nous avons changé la donne chez eux. »

## Les avis clients, vérifiés si possible

Deux entreprises sont régulièrement mentionnées pour les avis clients en France. Il s'agit de trustpilot.com et avis-verifies.com. Pour capter les prospects, utiliser ces solutions pour votre entreprise et vos offres vous permettra de booster votre CTR[1] de 17 % d'après avis-verifies.com, et d'impacter positivement votre référencement (Google préfèrerait les entreprises avec de vrais avis clients), tout ça grâce à l'affichage de votre note et de vos étoiles sur Google Ads qui apparaissent en haut du moteur de recherche, et en PLA, les *Product Listing Ads*, qui est l'offre de liens commerciaux qui sont diffusés par le biais de Google Shopping.

Mais une fois arrivé sur votre page de vente ou sur votre site, vous pouvez à nouveau utiliser les témoignages clients et les notes.

1. *Click through rate* ou taux de clics. Il s'exprime en pourcentage. Si votre publicité est affichée 100 fois et reçoit 10 clics, le taux de clics sera de 10 %.

Ainsi, Luko, une entreprise française d'assurances, propose un niveau de réassurance encore plus élevé en montrant de vrais tweets qui émanent de vrais clients satisfaits :

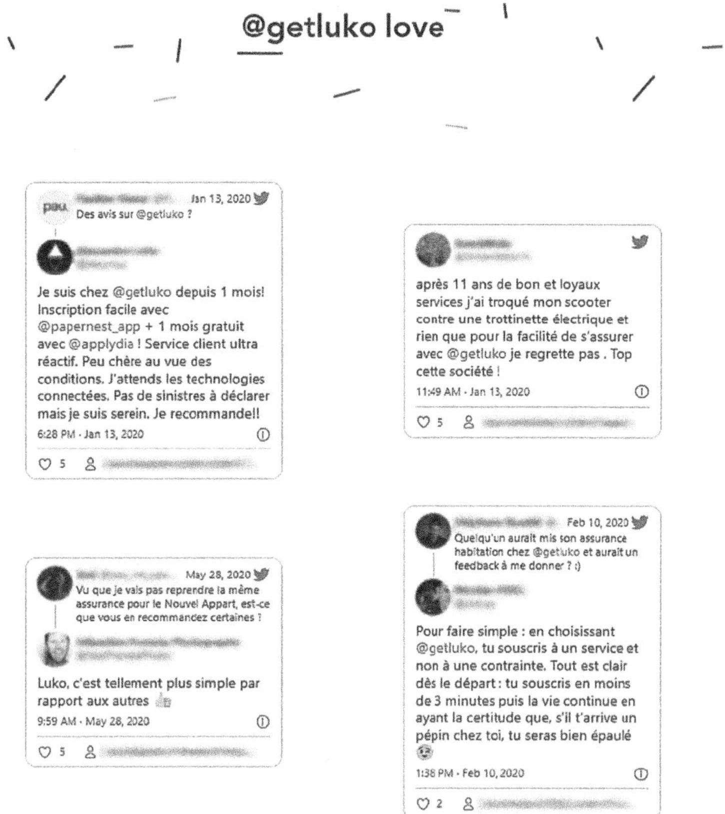


De même que les avis vérifiés récoltés par TrustPilot :

Enfin, entre trustpilot.com ou avis-verifies.com, à vous de faire votre choix. L'un et l'autre occupent une grosse place sur le marché et sont gages de sérieux.

# 21

# Comment bien amener le prix ?

*« On ne possède bien que ce qu'on a payé. » Albert Camus,*
Lettres à un ami allemand

Ça y est, votre lecteur a l'eau à la bouche, vous avez réussi la première partie du travail. Vient maintenant le moment qui fait peur : l'annonce du prix. Le plus souvent, ce n'est pas le lecteur qui a peur, mais bien vous. Vous avez peur de demander trop, de vendre trop cher, de faire peur à votre prospect. Je ne peux que vous recommander de travailler sur votre conception de l'argent. Plus vous serez à l'aise avec l'argent (en gagner, en dépenser, en investir), plus vous serez à l'aise avec l'idée d'en demander à votre prospect. Une fois que vous serez à l'aise avec les prix, vous devrez quand même vaincre les objections de vos clients : « C'est trop cher », « La concurrence fait mieux », « Je n'avais pas prévu un tel budget ». Voici comment convaincre votre prospect du juste prix de votre offre.

## Le prix *vs* la valeur

La première chose à comprendre, c'est que nous n'accordons pas tous la même valeur à des choses identiques. Par exemple, pour certaines personnes, rencontrer du monde, c'est naturel, quand d'autres souffrent de leur solitude et sont prêts à payer pour en sortir. Pour certaines personnes bien nées, gagner 5 000 € par mois est une régression sociale, alors que ce serait un aboutissement pour celui qui a grandi dans une famille au chômage ou au SMIC. Assister à des avant-premières de films a toujours été un bonheur pour moi, alors que c'est un calvaire pour les attachés de presse. Le prix n'est pas égal à la valeur. Payer 3 € pour une bouteille d'eau au supermarché local serait une hérésie, mais nous donnerions tous des centaines, voire des milliers d'euros pour cette même bouteille au milieu du désert après deux jours sans avoir bu. La règle, c'est de faire payer votre client en fonction de la valeur perçue, de la valeur qu'il va retirer de votre offre. Ainsi, payer 10 000 € un coach qui promet de vous en faire gagner 100 000, ce n'est pas cher si vous gagnez déjà bien votre vie. Payer un abonnement Masterclass 200 $ par an, c'est cher pour un étudiant, mais rien pour un apprenti écrivain qui sera ravi de découvrir les leçons d'écriture de Dan Brown, James Patterson, Neil Gaiman et Margaret Atwood. Avant d'annoncer le prix de votre offre, posez-vous ces trois questions :

- Votre prospect a-t-il bien perçu la valeur de votre offre ?
- Lui avez-vous bien décrit tous les bénéfices de votre offre ?
- Avez-vous bien insisté sur tout ce qu'il va pouvoir faire, être et avoir grâce à votre offre ? Le poids affectif qu'il accorde à votre offre est-il supérieur au coût ?

## Quand parler du prix ?

Vous pouvez utiliser trois stratégies pour parler de prix : immédiatement ou à la fin ou dans un second temps. Pour un produit qui ne coûte pas cher, pour une offre qui bénéficie d'une grosse réduction, vous pouvez jouer sur l'argument du prix bas assez tôt dans votre copie, avec de jolis badges rouge et jaune de prix barrés et pourcentages de réduction bien visibles. Si c'est un produit assez générique, avec peu de valeur, ça peut marcher.

En revanche, pour plus de 95 % des pages de vente que j'ai étudiées et créées, et probablement pour votre offre, vous allez annoncer le prix à la fin. C'est la place logique du prix dans la Super Structure (ou même dans AIDA et les autres structures de copywriting) : d'abord vous mettez l'eau à la bouche et vous rassurez, ensuite vous révélez le prix. Ce n'est qu'une fois que le prospect sera conscient de la valeur de votre offre qu'il sera prêt à découvrir le prix. Si vous l'annoncez trop tôt, alors que la valeur n'est pas encore claire aux yeux du client, vous risquez de l'effrayer.

La troisième technique pour annoncer le prix de votre offre est très peu utilisée : elle consiste à ne pas afficher le prix en fin de votre page de vente. À la place, vous allez proposer au lecteur un bouton « En savoir plus », « Envoyer un mail pour en savoir plus » ou « Être rappelé par nos équipes ». Êtes-vous déjà entré dans une boutique de luxe ? Faites-le. Vous verrez qu'en vitrine et parfois dans la boutique, les objets n'ont pas d'étiquette de prix. « Prix sur demande » : c'est la stratégie de l'industrie du luxe pour renforcer sa désirabilité. Pour du coaching premium ou *high ticket*, vous pouvez l'envisager.

## Comment parler du prix ? Sept stratégies faciles à mettre en place

### *Utilisez l'effet d'ancrage !*

Avez-vous déjà regardé la carte des vins au restaurant ? Sur les 10 millésimes proposés, trois ont des prix très élevés (20 € le verre). Le restaurateur sait que ces vins se vendent très peu. S'ils trouvent preneurs, tant mieux ! Mais ce n'est pas leur vraie fonction. Le rôle de ces vins chers est de rendre les sept autres crus, vendus entre 7 et

15 €, bien plus acceptables. On parle d'effet d'ancrage : dans la tête du client, 15 €, c'est tout de même bien moins cher que 20 €. Ainsi, le client a le plaisir de faire une « bonne affaire » en buvant le vin à 15 €. L'effet d'ancrage, on l'utilise depuis tout petit, quand on voulait obtenir 10 francs pour des bonbons. Prix d'ancrage haut, début de la négo : « Papa, tu pourrais me donner 100 francs pour sortir avec mes copains ? » Refus catégorique du père. Deuxième round de négo une heure plus tard. « Allez papa, au moins 50 francs s'il te plaît ! » Les plus chanceux obtenaient 50, les autres 10 ou 20 francs. Victoire, et merci le prix d'ancrage !

Comment utiliser l'effet d'ancrage sur votre page de vente ? Utilisez un prix d'ancrage haut avant de dévoiler le vrai prix, bien mieux accueilli par comparaison. Par exemple, pour un infoproduit à 99 €, vous pouvez écrire :

« Mes clients en coaching privé paient entre 1 200 et 1 500 € par jour pour travailler avec moi et apprendre tout ce que vous allez apprendre. Mais si vous investissez aujourd'hui, vous ne paierez que 99 €, soit à peine 10 % de la valeur d'un coaching privé, pour obtenir les mêmes résultats ! »

Si vous vendez une offre à trois niveaux (de type bronze/argent/or), vous pouvez inverser le sens de lecture de vos offres et commencer par la plus chère (or) à gauche. Ainsi, l'effet d'ancrage se fait sur le prix le plus élevé, et non sur le prix le moins cher. Le prospect découvre d'abord votre offre or avec toutes les fonctionnalités, puis l'offre argent, plus abordable, et enfin seulement l'offre bronze, avec les fonctionnalités réduites au minimum. Psychologiquement, il aura l'impression de faire des économies en passant de l'offre or à l'offre argent.

## *Ne parlez pas de prix, mais de valeur et d'investissement !*

Personne n'aime payer un prix, ni découvrir le coût d'une offre. Utilisez plutôt les mots magiques « valeur » et « investissement » :

- « Et pour cette formation, je ne vous demande qu'un investissement de 297 €. »
- « Je sais que vous voulez investir en vous, en votre avenir : cette formation est accessible pour 297 € en un clic. »
- « Vous pouvez démarrer votre formation immédiatement en investissant seulement 297 €. »

## *Utilisez l'effet de comparaison pour rendre le prix palpable*

Le permis à 1 € par jour (au lieu de 365 €), l'abonnement mensuel pour le prix d'un CD, l'e-book pour apprendre à séduire au prix d'une soirée en boîte de nuit (au lieu de 20 €). Rendez vos prix palpables pour les clients en comparant votre prix final à des dépenses de leur vie quotidienne. C'est encore mieux si la comparaison se fait dans le même domaine, par exemple : « Ma méthode révolutionnaire pour arrêter de fumer en 3 semaines, moins cher qu'une cartouche de Marlboro. »

## *Faites augmenter la valeur perçue grâce aux bonus*

C'est probablement une des techniques les plus puissantes : faire grimper la valeur perçue puisqu'à la fin, c'est pour cela que votre prospect va acheter. Au moment de la commande, proposez-lui une offre irrésistible avec trois, quatre ou cinq bonus. Votre objectif est de faire gonfler l'addition le plus possible, en énonçant le prix des bonus à chaque fois. À la fin, expliquez qu'aujourd'hui exceptionnellement, les bonus sont gratuits pour toute commande immédiate.

## Écrivez tout : les prix et les pourcentages de réduction

Une fois l'offre et les bonus énoncés, n'oubliez pas d'écrire noir sur blanc le total que devrait payer le client (l'ancien prix, barré si vous voulez), le total qu'il va payer vraiment (le nouveau prix), le montant de la réduction en euros ainsi que le pourcentage de réduction. Certains prospects sont plus sensibles à 40 % de réduction qu'à 200 € de réduction. En écrivant absolument tout, vous mettez toutes les chances de votre côté.

## Proposez un paiement en plusieurs fois

12 000 € TTC pour le coaching que j'ai suivi me paraissait un peu cher. Quand mon coach en business m'a dit « tu peux payer 1 000 €/ mois », la somme devenait moins effrayante. Récemment, Air France a envoyé à tous ses abonnés la newsletter suivante : « 💳 Échelonnez vos paiements sans frais. »

Si une entreprise du CAC40 propose un paiement en plusieurs fois, pourquoi pas vous ? De nombreuses solutions existent, faciles à installer, comme Scalapay ou Alma. Paypal et Stripe proposent aussi cette option qui fera augmenter vos ventes.

## Affichez des prix précis

Proposez des prix précis, parfois avec des virgules, plutôt que des prix arrondis. Le prix précis à 889,14 € ressemble plus à un juste prix, bien calculé, et sera mieux accepté que l'arrondi 890 €.

(En lire plus au chapitre 36 sur les nombres magiques).

# 22

# L'appel à l'action : le moment de conclure ?

*« Garde-toi, dans la vie, de rien différer : que ta vie soit l'action, encore l'action ! » Goethe*

Le A final d'AIDA : l'action. Vous avez écrit toute la copie pour que votre prospect arrive à ce moment où il doit prendre sa décision. Vous devez lui dire de passer à l'action, l'écrire de manière explicite, sinon il n'en fera rien. L'appel à l'action (CTA pour *call-to-action*) est un élément sur lequel vous voulez que votre prospect clique. Il peut s'agir d'une ligne ou d'un paragraphe à la fin de votre page de vente sur laquelle vous allez insérer un lien. Ce lien mènera le prospect vers l'inscription à une newsletter, un formulaire de paiement, un formulaire de réservation pour un séminaire, le téléchargement d'un e-book gratuit ou l'installation d'une application, par exemple.

## Où placer votre CTA ?

Logiquement, votre CTA devrait aller à la fin : s'il arrive trop tôt, il est probable que le prospect ne soit pas encore assez intéressé par votre offre. Pourtant, sur certains sites d'e-commerce, vous verrez parfois un bouton de commande en haut, dès le premier écran. Vous verrez aussi des pages de vente qui répètent trois ou quatre fois le CTA pour maximiser les chances de vente. La réalité, c'est que vous ne saurez jamais à quel moment précis votre prospect est en condition pour acheter. Au fil des ans, un site populaire comme Netflix a régulièrement changé l'emplacement de son CTA « Démarrez votre mois d'essai gratuit » : au milieu en bleu, à gauche en rouge, puis au milieu en rouge.

Si vous voulez insérer plusieurs CTA dans votre texte, variez les phrases sur lesquelles vous insérez le lien. Si en revanche vous insérez plusieurs boutons de CTA, gardez la même couleur pour ne pas semer la confusion chez le lecteur. Testez : à gauche, à droite, en haut, en bas…

## Quand le rédiger ?

Votre CTA représente la réussite ou l'échec de votre page de vente. Si le lecteur a tout lu pendant 12 à 20 minutes, s'il est resté devant une vidéo de vente de 30 minutes mais qu'à la fin il n'achète pas, votre CTA n'était pas assez bien rédigé. Et c'est presque logique : vous l'écrivez en dernier, vous en avez marre, vous voulez en finir avec cette page de vente. À bout de force et de créativité, vous risquez de vous contenter d'un mauvais « Achetez maintenant », qui viendrait saboter tous les blocs de texte précédents de votre Super Structure. C'est pour cela que je commence toujours les ateliers de copywriting par le CTA. Oui : commencez par votre CTA, quand vous êtes encore frais !

## La check-list des cinq caractéristiques pour rédiger un bon *call-to-action*

Des clients m'ont engagé pour corriger des mails de vente qui ne performaient pas assez. Par habitude, je commence par le CTA, où je trouve des formulations qui donnent envie de faire demi-tour : « Si vous voulez acheter... », « N'hésitez pas à nous contacter... », « Si vous pensez à commander. » Ces formules maladroites et contre-productives reflètent la timidité du vendeur, son manque d'assurance, et n'aident pas à rassurer le prospect. C'est pour cela que vous devez respecter autant que possible les cinq éléments suivants pour bien rédiger votre CTA :

- simple ;
- urgent ;
- concis ;
- direct ;
- irrésistible.

Simple : le cerveau humain déteste la complication. Faites simple : une seule promesse dans votre *call-to-action* (et lisez bien le chapitre 28 sur le KISS).

Urgent : si votre CTA véhicule un sentiment d'urgence, c'est encore mieux. « Cliquez immédiatement », « Profitez dès aujourd'hui », « Commandez les dernières pièces »...

Concis : ne faites pas des phrases à rallonge pour vos CTA. Vous n'en faites pas dans le corps du texte, pourquoi commencer maintenant ? Pensez à la lisibilité du message.

Direct : ne tournez pas autour du pot. Pas de formulation comme : « Alors si vous avez bien aimé ce que vous avez lu et si vous voulez commander... » Le CTA, c'est maintenant ou jamais. Soyez direct dans votre demande. N'ayez pas honte de demander de l'argent, d'essayer de vendre. « Commandez aujourd'hui », « Réservez aujourd'hui » sont des CTA bien plus directs et convertissent mieux. Utilisez l'impératif !

Irrésistible : le clic que vous demandez au lecteur doit lui permettre de résoudre sa douleur. Vous pouvez par exemple répéter votre promesse, ou proposer une variante de celle-ci.

S'il s'agit d'un lien que vous insérez dans une phrase, choisissez des phrases chocs. Vous pouvez insérer le lien sur tout ou partie de la phrase :

- « Perdez facilement 2 kg par semaine en cliquant ici. »
- « Et c'est pour cela que j'ai créé pour vous cette nouvelle vidéo dans laquelle vous apprendrez à cuisiner un tiramisu 2 fois plus vite. »
- « Cliquez ici pour découvrir LA méthode pour être repéré par une maison d'édition. »
- « Je vous révèle dans cette vidéo les secrets de la prise de masse, sans avoir besoin de vous priver ! »
- « Téléchargez immédiatement votre protocole Instagram pour multiplier par 10 vos *followers* et vos *likes*. »
- « Je réserve ma session stratégique avec un coach ! »

## Le bouton d'achat : quel texte écrire ?

« Acheter ? », « Achetez ? », « J'achète ? » : vous avez probablement une préférence pour l'une de ces formulations. Plutôt que de vous fier à des intuitions, je vous recommande de regarder les bonnes pratiques du e-commerce.

Chez Vinted, c'est « Vends tes articles ». Chez Amazon, c'est « Acheter neuf », « Ajouter au panier » ou « Acheter cet article ». Chez Leboncoin, « Déposer une annonce ». Chez Cdiscount, La Redoute, L'Exception, la FNAC, Veepee, Darty, Auchan, Leclerc, « Ajouter au panier ». Chez 3 Suisses, « Je fonce ». Chez BonneGueule, « Commander ». Et sur le site de Carrefour, une simple icône d'un chariot.

Avoir une identité de marque cohérente jusque dans vos boutons d'achat, c'est bien, mais réinventer la roue n'est pas nécessaire. Commencez par le traditionnel « Ajouter au panier », puis faites des tests.

# 23

# Trois techniques d'engagement pour aider le prospect à sauter le pas plus facilement

*« Le leadership, c'est avoir confiance en soi et donner confiance autour de soi. » Nicolas De Tavernost*

Dans son best-seller *Hooked : Comment créer un produit ou un service qui ancre des habitudes*, Nir Eyal met le doigt sur un mot important : l'habitude. Plus votre client se servira du produit, plus il en deviendra dépendant, plus vous vendrez. Le bon marketing doit créer ce lien presque affectif avec le produit.

Connaissez-vous le principe d'engagement ? Il fait partie des grands principes d'influence que vous allez pouvoir utiliser pour vendre plus. Voici un exemple pour le comprendre : quand on s'engage sur une voie, on a du mal à faire demi-tour, on ne veut pas se dédire. Sur l'autoroute ou au supermarché, on attend dans une file, même quand c'est bouché, et on a peur d'en sortir et de se faire avoir. Même si notre situation n'est pas optimale, nous ne voulons pas prendre le risque de nous tromper une nouvelle fois et de perdre encore plus de temps. Une fois qu'on a commencé une action, notre cerveau nous dicte d'aller jusqu'au bout. Votre objectif en tant que copywriter est de créer l'engagement de votre prospect, de lui faire tester le produit, pour qu'il prenne l'habitude de l'avoir dans sa vie. Une fois que le client est engagé et a payé, plus de 9 fois sur 10, la vente définitive est garantie. Voici trois mécanismes que vous pouvez mettre en place pour rassurer votre prospect, lui faire comprendre qu'il ne s'engage à rien et ainsi vendre plus.

## Trois mécanismes rassurants d'ouverture vers le client

- Offrez des échantillons, des essais gratuits, la première séance gratuite

Quand les géants de l'agro-alimentaire lancent un nouveau produit, ils arrosent les supermarchés en échantillons gratuits et en dégustations pour que le client connaisse le produit. C'est valable pour le saucisson, les boissons, les dentifrices, les crèmes, le parfum. De nombreux SaaS (*software as a service*, le logiciel en tant que service) proposent une période d'essai gratuite : systeme.io ou Clickfunnels par exemple proposent 15 jours pour tester leurs plateformes gratuitement. YouTube premium, Spotify et Deezer offrent un mois de musique gratuite avant de commencer à facturer. Superprof, une plateforme où vous pouvez vendre votre savoir, vous encourage à offrir une première séance gratuite pour trouver votre premier client. Cette stratégie de la première dose gratuite est aussi celle des dealers, qui savent qu'ils ont un produit addictif.

Comment bien rédiger :

- « Profitez de [durée] d'essai gratuit en commandant dès aujourd'hui. »
- « Démarrez dès maintenant votre essai gratuit : créez votre compte, et ne payez que dans un mois si vous êtes satisfait. »

• Offrez le premier mois à prix dérisoire pour créer l'engagement.

Cette stratégie d'engagement ressemble à la précédente, avec un léger changement : pas de gratuité pour le nouveau client mais un prix très réduit. Vous connaissez les offres des opérateurs téléphoniques à 9,99 €/mois pendant un an avant de basculer au « vrai prix » à 19,99 € ou 29,99 €. Vous connaissez aussi ce mécanisme vu à la télé pour toutes les collections des éditions Altaya : si vous voulez vous procurer l'encyclopédie *Star Wars*, vous ne débourserez que 1,99 € pour le premier numéro, mais les suivants seront à 9,99 €. Objectif : que le prospect mette les doigts dans l'engrenage.

Comment bien rédiger :

- « Le premier numéro est disponible dès aujourd'hui à 1,99 € seulement. »
- « Testez notre offre pendant un mois entier pour 7 € seulement au lieu de 99 €. »
- « Ne prenez aucun risque : exploitez toutes les fonctionnalités de [offre] pendant un mois, atteignez [vos objectifs] et payez plus tard ! »

• Offrez une garantie « satisfait ou remboursé » et faites exploser vos ventes !

Chez Starbucks, on vous refait votre boisson jusqu'à ce qu'elle soit parfaite, jusqu'à ce que vous soyez satisfait. Rien n'est plus important que la satisfaction client, et chez Amazon, le terme consacré est même « obsession client ». Si vous voulez rassurer vos prospects et abaisser le niveau de risque perçu, proposez une garantie « satisfait ou remboursé ». Ce petit risque financier que vous prenez peut vous rapporter gros. Aujourd'hui, tous les e-commerçants proposent une politique de retour gratuit : faites de même. Je comprends votre inquiétude numéro 1 : « Mais si je me fais arnaquer ? Si mes clients achètent, consomment mon infoproduit, puis demandent un remboursement ? » On appelle ça le « coût du business ». Il y aura toujours des passagers clandestins, des profiteurs. Il y aura aussi de vrais insatisfaits qui s'attendaient à mieux. Mais si votre offre est bonne, passagers clandestins et insatisfaits ne représenteront jamais plus de 5 % de votre clientèle totale. De plus, n'oubliez pas l'importance du principe de réciprocité : cet instinct pousse le prospect à vous être redevable, et non à vous arnaquer, parce que vous l'avez aidé.

Comment bien rédiger :

- « Ne prenez aucun risque : testez [offre] pendant 30 jours/60 jours/1 an, et si jamais vous n'êtes pas satisfait, envoyez-moi un mail, et je vous rembourse l'intégralité de votre achat sans vous poser de question. »
- « Cette offre est couverte par une garantie « satisfait ou remboursé » de [durée] : testez sans prendre le moindre risque ! Et si vous n'aimez pas, c'est gratuit et je vous rembourse ! »

## Pourquoi ces trois principes fonctionnent-ils ?

Tout d'abord, vous engagez le client, vous ancrez une nouvelle habitude dans sa vie. Votre client n'aura pas envie d'arrêter de consommer votre offre si elle lui facilite vraiment la vie. Si cet échantillon du nouveau déodorant, si ce coaching fait du bien au prospect, il n'arrêtera pas à la fin de la période gratuite ou moins chère.

Ensuite, résilier une offre est long et pénible : le nombre de clients qui restent abonnés à une offre par peur des démarches administratives est astronomique. Personne ne veut quitter son opérateur téléphonique pour revivre le même calvaire avec un nouvel opérateur, car l'herbe n'est pas toujours plus verte ailleurs. De plus, chercher de l'information a un véritable coût. Rester avec leur offre actuelle, bien qu'imparfaite, est souvent plus simple, plus pratique pour les clients. « *Better the devil you know* », comme disent les Anglo-Saxons.

Enfin, si vous êtes coach, thérapeute, consultant : cette première heure gratuite, ce test gratuit permettent de projeter de la confiance. Si vous proposez cette gratuité, c'est parce que vous avez confiance en votre offre, et votre confiance en vous est rassurante pour le prospect. Souvenez-vous de cette histoire : un homme doit acheter un cheval. Le premier éleveur lui dit : « Prends-le, paie-moi maintenant, et s'il ne te plaît pas, dans sept jours, je te rembourse. » Le second éleveur déclare au client : « Prends-le, monte-le sept jours, puis viens me payer. » Évidemment, c'est le second vendeur qui remporte le marché car il projette bien plus de confiance que le premier. N'oubliez pas que notre art du copywriting repose en grande partie sur l'art de rassurer notre prospect !

# 24

# L'importance du marketing répulsif pour accroître la désirabilité de votre produit

*« Jamais je ne voudrais faire partie d'un club qui accepterait de m'avoir pour membre. » Groucho Marx*

« Désolé, je n'ai pas l'honneur de vous connaître. Bonne soirée Messieurs. » C'est ainsi qu'Amar, célèbre physio parisien, nous a recalés du Raspoutine un soir, tout en douceur et professionnalisme. Ne faisant ainsi qu'augmenter notre désir pour ce club sélect des Champs-Élysées.

Le marketing répulsif est un des blocs importants de la Super Structure pour votre stratégie de persuasion, et il a deux fonctions. La première est réellement de repousser les mauvais clients : mauvais payeurs, négociateurs, clients qui ont toujours quelque chose à redire, pour qui rien n'est jamais assez bien. L'objectif du marketing répulsif est de réussir ce que Robert Cialdini a nommé la « pré-suasion » : ce néologisme résume à merveille son principe, ou comment l'art de la persuasion doit débuter bien avant que vous n'ayez prononcé le premier mot pour être vraiment efficace. Si votre positionnement est clair aux yeux des prospects, ils devraient être convaincus en arrivant sur votre page de vente. Si ce n'est pas encore le cas, vous pouvez utiliser le marketing répulsif pour faire augmenter la désirabilité de votre offre.

C'est dans ce bloc que vous allez expliquer que « malheureusement », votre produit n'est pas pour tout le monde :

- « Ne venez pas goûter nos superbes pizzas napolitaines si vous êtes fan de Domino's pizza », pour un restaurant de quartier.
- « Cette formation en ligne n'est pas pour vous si vous ne faites pas encore 50 000 euros de chiffre d'affaires par an. »
- « N'investissez pas dans cette formation si vous avez déjà un coach en ce moment. » (Le genre d'argument que les gourous du marketing peuvent utiliser.)
- « N'investissez pas dans cette formation si vous attendez un miracle de la part du coach : il ne fera pas le travail, il ne fait que vous montrer les outils. »
- « Cette formation ne s'adresse pas à ceux qui baissent les bras à la moindre difficulté. »
- « Cette communauté est strictement interdite à ceux qui pensent qu'on ne peut travailler que 4 heures par semaine comme le laisse croire Tim Ferriss. »

L'objectif de ce marketing qui repousse une partie des prospects ? Donner encore plus de valeur à l'offre. Non messieurs dames, cette offre n'est pas pour tout le monde. Elle se mérite. Elle fait le tri ! En serez-vous digne ? Passerez-vous les filtres qu'impose le vendeur ? Vous savez comment fonctionne le cerveau humain : quand on nous dit « non », quand on nous dit « c'est interdit », on est encore plus attiré. L'interdiction de boire mise en place par la Prohibition en 1929 a généré un marché énorme. L'interdit attire, comme un compte privé sur Instagram auquel on doit demander l'autorisation de s'abonner : on se demande quelles photos se cachent derrière ce rideau virtuel.

## Le marketing répulsif : un bon moyen de qualifier les prospects

N'oubliez pas que votre temps est précieux : vous ne voulez pas le passer à convaincre prospect après prospect. Le copywriting vous sert notamment à vous positionner aux yeux des prospects, à convaincre en amont, à « pré-suader »... et c'est ainsi que vous pourrez attirer à vous des prospects déjà qualifiés, c'est-à-dire des prospects convaincus, qui veulent travailler avec vous, qui veulent acheter votre offre. Et surtout : qui ont confiance en vous et en votre réputation.

Ainsi, dans votre stratégie éditoriale, n'hésitez pas à écrire un mail ou à tourner une vidéo intitulée : « Plus jamais ça : mon pire client – vous allez rire » ou « Un client comme ça ? Vous l'auriez tué ! », dans laquelle vous racontez vos déboires avec un client que vous avez accepté alors que tous les signaux étaient au rouge. Mais il était recommandé par un ami, ou il avait vraiment besoin de vous, ou vous aviez vraiment besoin de son argent : trouvez une excuse pour expliquer votre faible sélectivité. Puis contez vos mésaventures, jusqu'à arriver à la conclusion : « Désormais, l'offre est interdite à [population A], [population B] et [population C], je ne travaille plus qu'avec ceux qui remplissent [condition favorable 1], [condition favorable 2], [condition favorable 3] ».

C'est en lisant ces mots excluants que votre prospect aura envie de vous dire : « Moi ! Moi ! Je fais partie de ceux avec qui tu veux travailler ! »

Lentement, bloc après bloc, vous vous rapprochez de l'appel à l'action et votre prospect est de plus en plus convaincu du sérieux de votre offre.

## Exercice pratique

Pour l'écriture de votre page de vente, définissez deux ou trois populations avec lesquelles vous ne désirez pas travailler. N'oubliez pas d'y ajouter une raison valable : si vos critères sont arbitraires, si vous n'expliquez pas pourquoi vous rejetez une partie de la clientèle, vous n'obtiendrez pas l'effet d'attraction désiré.

→ pas de bon site design
→ pas de personas
→ pas de réputation

# 25

# Urgence et rareté – le bloc indispensable de la Super Structure

> *« La rareté du fait donne du prix à la chose. »*
> *Jean de la Fontaine*

Les places en crèche sont rares pour les petits bébés parisiens. J'en ai fait l'amère expérience en déménageant dans le X$^{e}$ arrondissement : beaucoup de naissances, peu de places. J'ai donc dû trouver une autre solution de garde pour ma fille, et l'expression « les places sont chères » a pris tout son sens.

Lorsque vous vendez votre offre, je vous recommande de jouer sur ces deux leviers puissants que sont l'urgence et la rareté. Ces deux concepts sont souvent liés : « Dépêchez-vous, il n'y en aura pas pour tout le monde », « Offre valable jusqu'à épuisement des stocks ». Vous les avez vus à la télévision, en vitrine des magasins pendant les soldes. Ce sont deux mécanismes d'influence qui ne prennent aucune ride car ils jouent directement sur les émotions du prospect et modifient leur chimie interne : urgence et rareté fournissent le coup de pouce, le coup de stress qui pousse le prospect à passer à l'action.

## La rareté : pourquoi et comment l'utiliser pour booster vos ventes

Premières éditions des Beatles, cartes Pokémon Dracaufeu 1re édition sans ombre et brillante, éditions limitées des livres Taschen signés par les photographes : ce qui est rare vaut de l'or.

À l'été 2020, la France se passionne pour un vieux fait divers : l'affaire Xavier Dupont de Ligonnès. Le magazine *Society* a longtemps enquêté pour publier des informations inconnues du grand public et les réseaux sociaux s'emballent. Les deux numéros sont en rupture de stock et les prix flambent sur Le Bon Coin et Ebay. Un vrai marché noir se met en place et certains revendeurs profitent de cette opportunité pour gonfler les prix (20 à 25 € au lieu de 3,90 €). Frank Annese, le fondateur de SoPress, siffle la fin de partie lorsqu'il annonce que les kiosques à journaux seront rapidement réapprovisionnés.

Lorsque Neil Strauss, auteur et coach américain, organise des *masterminds* ou des *bootcamps*, le nombre de places est limité à 10 ou 20 personnes (qui ont fait preuve de leur motivation en remplissant des questionnaires, en vertu du principe de qualification). Lorsque Wim « Iceman » Hof embarque un groupe pour plonger dans la glace, le nombre de places est limité à huit. Lorsque les billetteries de Coachella, de Roland Garros ou de votre cours de yoga préféré ouvrent, tout le monde sait que les places sont limitées. Donc les places sont chères. Et le prospect sait qu'il a intérêt à commander rapidement s'il ne veut pas se retrouver le bec dans l'eau. Pour aller déjeuner ou dîner chez Passard à l'Arpège ou chez Septime, vous vous y prenez à l'avance, vous réservez. Pour des produits ou des expériences physiques, le concept de rareté se justifie plus facilement que pour des infoproduits.

Le maître en matière de rareté perçue, Apple, réussit même à nous faire croire – *à chaque fois* – que leur dernier téléphone risque la rupture de stock, créant ainsi un engouement dès sa sortie. Or, nous savons tous que le stock est illimité, non ?

Vous devez donc réfléchir vous aussi à la rareté de votre offre. Comment justifier la rareté si vous vendez du coaching ou un infoproduit, des offres *a priori* illimitées et qui ont un coût de stockage marginal ? Vous devez justifier cette rareté pour accroître la valeur perçue de votre offre. Si vous ne le faites pas, l'argument perdra de son effet et n'incitera pas votre prospect à sauter le pas. (Je vous renvoie à l'importance du « parce que » que Cialdini explique très bien dans *Influence et Manipulation*.) Vous allez devoir modifier la perception de votre offre en rédigeant correctement vos arguments de rareté :

- « Pour le bien-être de tous nos amis à quatre pattes, votre centre de dressage n'accepte que 10 nouveaux chiots pour l'année à venir. »
- « J'ai décidé de n'ouvrir cette formation vidéo qu'à 50 clients lors de ce lancement, parce que je veux pouvoir répondre à chacun d'entre vous correctement. Dimanche prochain, la page ne sera plus disponible et l'offre sera définitivement retirée. »
- « Pour des raisons techniques, seuls les 1 000 premiers inscrits auront accès à ce webinaire. »

Note : sur les sites de e-commerce tels qu'Amazon, vous verrez que même pour des produits physiques, la quantité de produits restant en stock est indiquée.

## L'urgence : nécessaire pour hacker le cerveau de votre prospect

Les manipulateurs adorent l'urgence. C'est dans l'urgence qu'on prend les plus mauvaises décisions, quand on n'a pas le temps de peser le pour et le contre, quand on n'a pas le temps de lire le contrat en entier et les petites lignes en bas, avec les astérisques. Dans son livre *13 semaines*, l'ex-participante de télé-réalité Morgane Enselme raconte très bien comment les producteurs venaient toujours faire signer aux candidats les avenants au contrat dans des moments urgents, pendant les repas (« Je ne vous dérange pas longtemps »), ou en donnant des justifications habiles (« Faites vite, ça doit partir ce soir au service juridique »). L'objectif : utiliser le principe d'urgence pour court-circuiter le système de pensée rationnelle, celui qui analyse, qui pèse le pour et le contre.

Lorsque vous êtes à la recherche d'un bien immobilier et qu'enfin vous tombez sur une propriété qui vous plaît, l'agent immobilier vous dira 9 fois sur 10 de prendre rapidement votre décision, « car nous venons de recevoir une offre ».

L'urgence, nous la rencontrons chaque jour sur le Web : qu'il s'agisse du site oui.sncf, de Booking, de TripAdvisor, on nous somme de nous dépêcher car « 7 personnes » sont aussi en train de consulter cette page. Sur les pages de vente des infoproduits, un compte à rebours est visible pour accentuer la pression psychologique sur le prospect. Très souvent, si le prospect ne passe pas la commande aujourd'hui, immédiatement, il perdra l'accès à des bonus.

## Comment justifier et rédiger l'urgence

« Cliquez sur le bouton jaune ci-dessous dès maintenant si vous voulez avoir accès aux 5 bonus exclusifs que j'ai préparés pour vous. Demain, ils ne seront plus disponibles parce que je réserve cette offre aux entrepreneurs les plus motivés ! »

« Je vous invite à cliquer dès maintenant et à passer votre commande tout de suite, parce que je dois envoyer la commande ce soir à mon fournisseur. »

« Cliquez sur "Réserver votre appel stratégique avec moi" immédiatement si vous voulez vraiment qu'on travaille ensemble parce que mon planning est déjà très chargé, et que seul un client pourra bénéficier de cette offre exceptionnelle. »

Une autre technique pour rédiger votre principe d'urgence consiste à utiliser un « ennemi », réel ou imaginaire. C'est une technique que j'ai beaucoup vu chez les Anglo-Saxons, mais assez peu en France :

- « Commandez votre soin blanchisseur de dents dès aujourd'hui pour le recevoir cette semaine. Faites vite parce que les lobbies du dentifrice et des dentistes essaient de nous faire des procès pour concurrence déloyale : on est moins chers et plus efficaces qu'eux ! »
- « Malheureusement, cette offre est limitée et ne sera probablement plus en ligne demain, parce que les [ennemis/concurrents] essaient de nous faire fermer car notre offre est trop efficace ».

Cette structure marche pour le secteur des compléments alimentaires minceur qui subissent le lobbying des salles de sport, les méthodes pour arrêter de fumer qui subissent le lobbying de l'industrie du tabac, les méthodes de coaching en séduction qui subissent les foudres des féministes, etc.

La stratégie de l'ennemi imaginaire, du « ils », « les autres », fonctionne toujours bien pour rallier votre client à votre cause et pour justifier le côté limité dans le temps de votre offre.

Mon conseil : essayez de trouver une justification réelle, ou réaliste. Lorsqu'un client veut travailler avec moi pour du coaching en copywriting, j'utilise mes vraies contraintes de temps : « Écoute, j'ai déjà trois autres clients, je dois faire tourner mes trois blogs et m'occuper de ma fille, voir ma famille et mes amis, aller au sport et lire. J'ai vraiment envie de t'aider et de travailler avec toi, mais je peux t'accorder au maximum une demi-journée par semaine pour être à fond. J'ai un autre projet très rentable en attente, j'ai besoin de ta réponse au plus tard ce soir pour m'organiser. »

## Cas de conscience : « Je veux être un copywriter éthique, je ne veux pas utiliser l'urgence et la rareté factices ! »

J'ai moi-même été tiraillé par ce souci : devez-vous utiliser l'urgence et la rareté pour convaincre vos prospects et vendre plus ? De plus en plus de copywriters s'élèvent contre ces *dark patterns* qui s'apparentent à de la manipulation psychologique. Le monde des copywriters se divise en deux catégories : ceux qui sont là pour vendre et ceux qui sont là pour plaire. La première catégorie utilise sans souci les comptes à rebours, les phrases angoissantes, les concepts d'urgence et de rareté pour déclencher des ventes plus nombreuses. Dans le test psychologique du DISC[1], un test de personnalité souvent utilisé en entreprise pour constituer des équipes performantes et complémentaires, ce sont les profils D (Dominant) et C (Conforme), tournés vers les résultats et non vers l'humain, vers la relation. Un exemple simple : quand vous recevez un mail d'un inconnu dont l'objet commence par « RE : » pour simuler une réponse à l'un de vos mails et vous obliger à cliquer, c'est que vous avez affaire à un D ou un C. Ces copywriters utilisent des « *hacks* », des astuces pour forcer l'ouverture du mail, mais se moquent de cultiver une vraie relation avec leurs prospects. La seconde catégorie de copywriters compte sur sa communauté, sur la réalité des relations, sur la bienveillance, donne des conseils, n'hésite pas à passer plus de temps que prévu sur certaines missions. Sur le DISC, ce sont les I et les S, Influents et Stables, qui valorisent l'humain au détriment du résultat (malheureusement, un grand nombre de copywriters pauvres en font partie). Le copywriter

1. Pour en savoir plus sur le DISC, lisez *Tous des idiots ?* de Thomas Erikson.

parfait serait un mix des deux catégories : un vrai service, une vraie relation, pour de vrais résultats financiers.

## Ogilvy contre Les Inconnus ?

Vous vous dites peut-être : « Mais le prospect n'est pas bête… Il sait que la page sera encore là demain ! Il n'a qu'à regarder l'historique de son navigateur et revenir sur la page pour profiter de l'offre ! »

Vous avez raison : le prospect n'est pas bête, mais il a la flemme. 90 % des prospects qui tombent sur votre page de vente ne reviendront jamais d'eux-mêmes si vous ne réussissez pas à les convaincre dès la première fois. Il y a vraiment deux manières d'envisager l'être humain en tant que copywriter. La première conception, c'est celle de David Ogilvy : « Le client n'est pas un idiot : c'est votre femme. » Pour lui, il faut respecter le client et son intelligence. Il n'utiliserait probablement pas de *dark patterns* pour « forcer » la vente.

La seconde conception du client est tirée du sketch Les Publicitaires, des Inconnus : « Il ne faut pas prendre les gens pour des cons, mais il ne faut pas oublier qu'ils le sont. »

Entre un angélisme suspect et un cynisme exagéré, voyez l'option avec laquelle vous êtes le plus à l'aise moralement… et financièrement. Si votre page de vente ne convertit pas sans les arguments d'urgence et de rareté, mettez-les en place, et regardez les ventes augmenter comme par magie.

Ma position ? « Ne fais pas aux autres ce que tu n'aimerais pas qu'ils te fassent. »

# 26

# Comment contourner le principe de la réactance dans votre page de vente ?

*« Liberté ! », dernier mot de William Wallace, interprété par Mel Gibson dans* Braveheart*, 1995.*

L'être humain n'aime pas qu'on lui impose quoi que ce soit. Il aime avoir le choix, et votre rôle en tant que copywriter est de rappeler à votre lecteur qu'il a le choix. Le choix d'acheter ou de ne pas acheter.

Au fond, toute votre page de vente se résume à une seule décision : votre lecteur va-t-il cliquer ou pas ? Si vous comprenez bien le concept de réactance, vous amènerez davantage de prospects à acheter votre offre.

## La réactance : définition et exemple

La réactance est un mécanisme de défense psychologique qui se déclenche chez votre lecteur pour tenter de maintenir sa liberté d'action lorsqu'il la croit ôtée ou menacée, mis en avant par Jack W. et Sharon S. Brehm en 1966. Quand votre lecteur se croit emprisonné, quand il pense que vous lui soumettez des choix qui ne sont bons que pour vous, il peut se retourner contre vous. Par exemple, cela peut l'énerver de lire une page de vente qui se termine par un choix entre une offre A et une offre B. Dos au mur, il se sent prisonnier : soit il achète, soit il ferme la page. Alors, par esprit de contradiction, il fermera la page, car personne n'aime être manipulé ni se sentir utilisé.

Un exemple de réactance célèbre aux États-Unis est le phénomène illégal du *coal rolling* : certains chauffeurs décident de modifier leur moteur diesel et de rouler au charbon pour dégager de la fumée quand ils roulent, pour lutter contre l'écologie, contre le déploiement des véhicules hybrides. L'intérêt peut vous sembler limité, voire inexistant. Mais pour celui qui décide de polluer plus pour le plaisir de polluer plus, il s'agit de revendiquer sa liberté de rouler comme bon lui semble et de marquer sa différence face aux piétons, cyclistes, et tous ceux qui roulent « vert ». Il se voit comme un résistant, un martyr.

Dans la vie de tous les jours, la réactance se déclenche par esprit de contradiction, dès qu'on vous dit de ne pas faire quelque chose. Cela peut vous sembler très puéril mais c'est une réaction très courante. Si l'interdiction n'est pas motivée, ou mal justifiée, notre orgueil prend le dessus, et même si par devant nous répondons « oui, oui, d'accord », dans notre tête, nous entendons « je fais ce que je veux ! ».

Tout l'objectif du bon copywriting est de ne pas déclencher de réactance à la fin de la page de vente, au moment du CTA, de ne pas menacer l'autonomie du prospect.

## Comment rédiger le texte pour éviter la réactance

« Si vous êtes vraiment sérieux comme je le crois et que vous voulez [atteindre votre objectif], vous savez au fond de vous qu'il n'existe que deux choix possibles. Le premier choix, c'est de continuer comme vous l'avez toujours fait. D'essayer [fausse solution 1], de perdre votre temps à [fausse solution 2], et de jalouser secrètement ceux qui réussissent à [atteindre leurs objectifs]. Vous êtes libre de perdre votre temps et votre argent, et continuer de rêver au lieu d'agir. Ou vous avez ce second choix, celui d'investir dans [offre], celui de vivre [futur radieux] et de devenir [version idéalisée du prospect] et de [profiter des bénéfices]. Vous êtes libre d'investir dès maintenant pour enfin [atteindre votre objectif], et je me tiens à vos côtés pour vous y aider car je crois en vous. Je sais que vous pouvez vous en sortir comme mes [XXX clients précédents] en suivant la [méthode] pas-à-pas. Si vous aussi vous voulez [y arriver], vous pouvez compter sur moi pour vous aider à réussir. Il vous suffit de cliquer sur le gros bouton jaune ci-dessous immédiatement pour [démarrer cette nouvelle vie]. »

La structure de ce paragraphe « anti-réactance » est simple : vous ne voulez pas que le lecteur se braque contre vous comme un adolescent qui se fait gronder. Vous voulez lui montrer que vous respectez sa liberté de choisir. Donc vous allez amplifier le coût de l'inaction, rappeler subtilement les fausses solutions et répéter que le bon choix, le choix durable, d'avenir, positif, est d'investir dans votre offre. Sans le dire, au fond, vous expliquez qu'il n'y a qu'un seul chemin viable pour quelqu'un de sensé. Votre lecteur se sent valorisé, pas jugé : il aura envie de rejoindre votre équipe !

# 27

# Cinq éléments pour bien boucler votre page de vente

*« This is the end », The Doors*

Une fois le prix annoncé, le CTA en place, ne croisez pas les doigts en priant pour que le client clique dessus et achète votre offre. Savez-vous que de nombreux matchs de football se gagnent dans les cinq dernières minutes ou dans les arrêts de jeu ? Pour votre vente, c'est la même chose : n'abandonnez pas, utilisez le moindre espace de votre page de vente pour rassurer une dernière fois et essayer d'emporter la vente. Bien entendu, n'oubliez pas les CGV et Mentions Légales, soyez en règle !

## Terminez par votre signature manuscrite !

À la manière d'un logo fort, votre signature en bas de la page de vente peut être un bon rappel que cette offre, c'est l'offre d'un humain à un autre humain. Que vous le comprenez. Que vous avez été comme lui. Que vous n'êtes pas caché derrière votre ordinateur mais que vous avez aussi une existence physique.

## Montrez votre tête !

Le premier exemple qui me vient en tête, c'est Giovanni Rana. Dans les années 1990-2000, on voyait souvent la tête de ce roi de la pâte italienne à la télévision, un peu comme Alain Afflelou ou « monsieur Comme j'aime » (personne ne retient son nom, mais on retient sa marque, c'est donc une stratégie gagnante). Si vous n'avez pas montré votre tête dans la page de vente, et si vous savez que vous êtes fédérateur et faites généralement une bonne impression, utilisez une belle photo de vous et de votre plus beau sourire pour faire augmenter les clics et les ventes !

## Soyez joignable !

Parfois, une vente se joue à un rien. Si votre prospect a une question mais qu'il ne voit aucun mail, il peut avoir peur de se faire arnaquer. Avec un mail de type contact@votre-boîte.com, c'est déjà mieux. Avec votre-prénom@votre-boîte.com, c'est encore mieux. Et si, à la manière de Carrefour, vous pouvez afficher le portable personnel du directeur (ou le vôtre évidemment), c'est encore mieux. Un mail de contact, un numéro de téléphone et votre tête : combo rassurant et gagnant !

## Enchaînez directement avec le chapitre 1 !

Voici une technique que je vous recommande si vous vendez un infoproduit. Vous venez d'annoncer le prix, les bonus, les garanties, le CTA, le choix A ou B. Certains vendeurs s'arrêtent ici. D'autres enchaînent comme si la vente était déjà conclue :

- « Et je vous retrouve tout de suite de l'autre côté pour le chapitre 1 où vous allez apprendre à… »
- « Je vous retrouve dans 10 secondes après le formulaire d'inscription pour votre première vidéo de formation à notre logiciel… ».
- « Vous pouvez commencer votre formation dans 10 secondes. Je vous attends, je vais me faire un café et on se retrouve de l'autre côté pour [1 ou 2 bénéfices] » (et évidemment, si c'est un infoproduit en vidéo, vous accueillez votre prospect en buvant votre café, pour la cohérence !).

## La FAQ : une dernière chance de répondre à toutes les objections de votre prospect

Le copywriting est une conversation imaginaire entre vous et le prospect dans laquelle vous devez identifier et lever toutes ses objections. Vous savez aussi que tous les lecteurs ne lisent pas assidûment votre page de vente : certains lisent en diagonale. Et ils auront peut-être raté un élément clé une fois arrivés au CTA. C'est le moment où jamais de récapituler toutes les questions que peut se poser votre lecteur dans une FAQ (foire aux questions) et de le rassurer pour le pousser à l'achat :

- Où est fabriquée notre offre ?
- Est-elle vegan, non testée sur les animaux ?
- Est-ce qu'elle est garantie satisfait ou remboursé ?
- Est-ce que la formation est livrée par la poste ou est-ce que c'est un e-book ?

- Nos produits sont-ils made in France ?
- Sommes-nous joignables si vous avez des questions ?
- Et si je décide d'attendre avant de commander ?
- Puis-je me désabonner facilement ?

# 28

# KISS : la règle d'écriture de tous les copywriters

*« La simplicité est la sophistication suprême. »*
*Léonard de Vinci*

## Le marché a toujours raison

Avoir du style, faire de belles phrases, savoir écrire : vous pouvez abandonner toutes ces envies quand vous devenez copywriter. L'écriture publicitaire est une écriture simple. Sujet, verbe, complément : c'est une écriture qui va à l'essentiel. Si vous avez peur de ne pas avoir le niveau, laissez-moi vous raconter une anecdote. Elle date de l'époque où j'ai découvert le copywriting, en 2010. À l'époque, mon client principal me paie pour écrire du contenu : écrire des articles, tourner des vidéos et écrire les *posts* pour les partager sur les réseaux sociaux. Lorsque je lui présente ma première page de vente, il n'a pas assez d'encre rouge pour tout corriger. J'étais pourtant persuadé d'avoir rendu une bonne copie. Le lendemain, il me montre la version qu'il a écrite dans la nuit pour le même produit, et me propose de tester nos deux pages : si je vends plus que lui, je pourrais empocher tous les bénéfices. Ce qui devait arriver arriva : j'ai réalisé 300 € de vente, lui 3 000 €. La différence entre sa copie et la mienne ? Ses mots étaient plus courts, les phrases plus simples, il ne cherchait à impressionner personne. Et même si sa copie n'avait rien d'un Goncourt, avec ses anglicismes, ses barbarismes et de rares fautes d'orthographe, le marché avait tranché : il maîtrisait la science de l'écriture qui vend, et moi non. Heureusement pour moi, il m'a présenté cette discipline que je ne connaissais pas – le copywriting – m'a mis quelques livres entre les mains et m'a offert la Super Structure que vous connaissez désormais. La leçon était claire : un bon copywriter doit faire simple.

## KISS : *Keep it simple, stupid !*

Même s'il existe différentes variations de l'acronyme KISS *(Keep It Short & Simple – Keep It Simple, Silly – Keep It Simple, Stupid – Keep It Simple & Straightforward)*, le conseil reste le même : écrivez de manière courte, simple, directe (non, je ne vous traiterai ni d'imbécile ni de stupide).

Écrire de manière simple, c'est l'assurance de garder l'attention de votre lecteur. Un des travers que j'ai remarqué chez les clients qui me confient leur copywriting, c'est qu'ils veulent toujours briller, ils aimeraient avoir une page de vente qui les mette en valeur. Aussi, ils souffrent quand je sors la hache pour raccourcir les phrases et trouver des synonymes plus simples. Même si vous avez un large vocabulaire et que vous maîtrisez un vaste champ lexical, vous devez vous en tenir à un niveau collège quand vous écrivez, afin d'être accessible à tous. Je vous le répète : malgré tous nos efforts, nous ne connaissons jamais complètement nos clients. Vous êtes probablement entouré d'entrepreneurs, de personnes qui s'intéressent au marketing, mais les clients ne veulent pas toujours se creuser les méninges. Quand ils vous lisent ou vous écoutent, la compréhension doit être immédiate. Si votre message n'est pas clair, si ce n'est pas assez simple, vos lecteurs refermeront votre mail, votre vidéo ou votre page de vente.

## Brûlez votre bulletin de notes pour écrire plus simple

Parmi les clients que je coache en copywriting, nombre d'entre eux sont traumatisés par les cours de français, les dictées, les compositions, les dissertations, les synthèses et les résumés. Autant d'épreuves qui peuvent vous avoir paralysé. Heureusement, pour vendre, vous devez adopter un tout autre état d'esprit que celui de l'école. Finie la rigidité de l'Éducation nationale : le copywriting n'est pas une question de vrai ou de faux, de bien ou de mal. Le copywriting ne s'évalue que d'une manière : est-ce que votre texte vend ? Votre objectif n'est pas d'obtenir une bonne note ou les félicitations mais de faire pleuvoir les ventes grâce à une bonne copie. Votre objectif n'est surtout pas de recevoir un mail de la part d'un prospect : « Bravo, super page de vente ! », mais de le faire cliquer et acheter. À l'école, on vous a appris des règles et une obligation de moyens. Le copywriting, c'est l'obligation de résultats avant tout. Peu importe si vous faites des ratures ou si vous écrivez dans la marge.

Si vous vous concentrez sur ce que veut le client, comment il pense, pourquoi il souffre, comment il parle, vous adapterez votre écriture et ne courrez plus après les bonnes notes mais le parler vrai et simple, et obtiendrez les clics, les clients et les ventes.

## Cinq citations pour rester simple (et motivé) quand vous écrivez

- « Il faut avec les mots de tout le monde écrire comme personne. » Colette

- « Ce que l'on conçoit bien s'énonce clairement, / Et les mots pour le dire arrivent aisément. » Boileau
- « La définition du génie prend le complexe et le rend simple. » Einstein
- « La perfection est atteinte, non pas lorsqu'il n'y a plus rien à ajouter, mais lorsqu'il n'y a plus rien à retirer. » Saint-Exupéry
- « Simplifier, puis ajouter de la légèreté. » Colin Chapman

## Cinq règles de simplification

- Raccourcissez ! Si un mot de deux syllabes peut faire le travail d'un mot de quatre syllabes, choisissez le plus court. Je ne vais pas vous proposer de « souscrire à un abonnement » à la chaîne YouTube Les Mots Magiques, je vais simplement écrire : « Abonnez-vous » à la chaîne du copywriting en français !
- Simplifiez ! Si lors de la relecture, vous voyez des mots issus d'un champ sémantique soutenu, essayez de redescendre d'un cran, voir si la phrase fonctionne avec un mot de la vie de tous les jours.
- Préférez le terme générique ! Vous n'allumez pas un « candélabre » ou un « chandelier », vous allumez la « lumière ». Vous n'avez pas le mal de mer sur un « paquebot » mais sur un « bateau ». Favorisez les mots les plus compréhensibles car parfois, vos prospects sont des étrangers dont le français n'est pas la langue maternelle.
- Coupez les phrases de plus de deux lignes ! Reformulez, réécrivez.
- Limitez les adverbes et les adjectifs ! Privilégiez le verbe le plus précis possible pour les remplacer.

# 29

# Le piège du jargon : quand l'expert devient copywriter

*« Être ou ne pas être*
*Telle est la question*
*Sinusoïdale*
*De l'anachorète*
*Hypochondriaque »*
*Les Inconnus,* Vice et versa

Mettez-vous à la place de vos lecteurs quand vous écrivez vos textes : ils ne sont pas experts. Ils viennent à vous parce qu'ils ont un problème à résoudre et que vous êtes l'expert. Vous avez acquis un savoir, des connaissances précieuses à force de lecture et de pratique sur le terrain. Avec vos collègues, vos concurrents, vous avez un vocabulaire commun. Mais votre prospect n'a pas le même niveau d'information que vous : il vous découvre, il ne parle pas votre jargon et risque de ne pas comprendre les mots d'expert que vous employez. Il n'a pas une « gonalgie », il a juste mal au genou et cherche de l'aide. Bannissez le jargon de votre plume.

## Le problème du jargon d'expert

Le jargon d'expert est adapté au B2B (*business-to-business* : la vente aux entreprises), pas au B2C (la vente directe, du producteur au consommateur). Si vous écrivez des pages de vente, des brochures, des sites internet pour Airbus, Dassault ou Thalès, vous aurez bien entendu le droit (et le devoir) d'utiliser des mots complexes, parce qu'en face de vous, ce sont des ingénieurs aéronautiques de niveau bac +5 ou plus qui vous lisent. Leur cerveau analytique est mobilisé pour acheter une offre rassurante et 100 % fiable, et ils sont formés au même langage que vous. Cela ne posera donc aucun problème si vous employez des termes très techniques, plein d'abréviations qui sont standards dans le métier.

Parmi mes clients, deux étaient tombés dans ce piège du jargon, et les ventes ont vite connu une amélioration quand j'ai simplifié leurs copies. David, le coach en greffe de cheveux, avait des termes techniques très compliqués. Nous avons travaillé pour rendre ses mots plus accessibles pour ses prospects. C'est un domaine assez technique, avec du matériel médical, des molécules dans les shampoings, mais les explications simplifiées donnaient de meilleurs résultats. Pourquoi ? Parce que le prospect ne se sentait pas « nul » (voir chapitre suivant), ni perdu face aux grands mots du docteur.

Aurélie, coach en rangement, avait employé un mot peu utilisé en français, une traduction de *declutter* : « le désencombrement. » Je ne sais pas pour vous, mais moi, le samedi, je ne « désencombre » pas ma maison ; je range, je trie, je jette, je nettoie, je classe, je balaie, j'aspire, je lave, mais je ne « désencombre » pas. Désencombrer était un terme technique qu'Aurélie, l'une des meilleures coachs françaises en matière de rangement, avait appris lors de sa formation avec Marie Kondo, la papesse mondiale du rangement et auteure de *La Magie du rangement*. Nous avons donc changé le terme afin de rendre sa *landing page* plus convaincante et compréhensible pour le plus grand nombre.

## Le copywriting, c'est l'art d'écrire comme votre client parle

Le copywriting, c'est l'art de la vente avec les mots. Pour cela, je vous encourage à aller au marché ou au café pour entendre les gens parler, à aller devant un lycée pour entendre les jeunes parler. Parmi les six grandes lois de l'influence développées par Robert Cialdini dans *Influence et Manipulation*, il y a l'appréciation et l'amitié. Plus une personne vous apprécie, plus elle a de chance d'être influencée par vous. C'est notamment dans le chapitre sur la similarité qu'il souligne l'importance des points communs : dans la vie, on fait plus facilement confiance à quelqu'un qui nous ressemble physiquement et intellectuellement, qui vient du même endroit que nous, qui fait le même travail que nous, qui parle comme nous. Le langage que vous employez peut vous ouvrir des portes et des cœurs s'il est celui du lecteur, ou les fermer si votre vocabulaire fait peur. Le langage est votre arme de séduction massive pour vendre plus, sauf si le prospect ne se sent pas inclus, se sent rejeté, pas au niveau, tenu à distance, et c'est pour cela que vous devez éviter le jargon d'expert. C'est encore plus vrai quand vous tournez des vidéos de vente : le prospect sera d'autant plus conquis qu'il sentira un humain en face de lui, quelqu'un qui parle comme lui, de manière naturelle.

## Deux exemples de campagnes qui parlent comme le client

À votre avis, quelle est la cible de ces deux campagnes publicitaires ?

- #1 Amis aussi la nuit

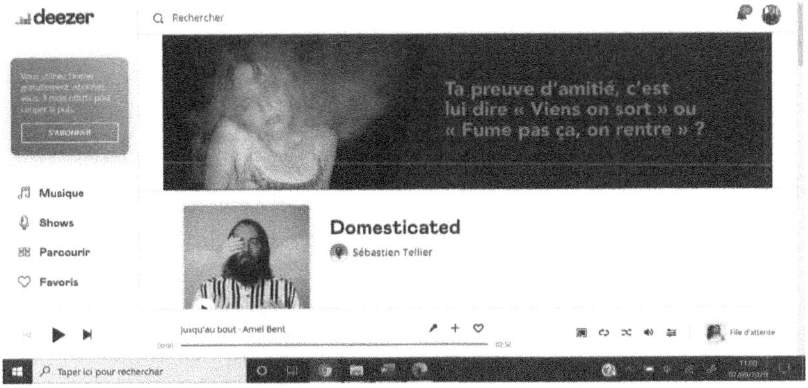


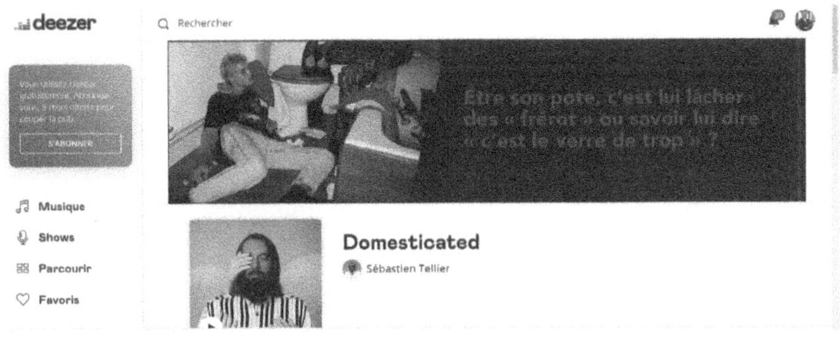


Cette campagne est réalisée par Santé Publique France afin de prévenir les risques liés à une consommation d'alcool ou de cannabis chez les jeunes, au moyen d'un site internet, amisaussilanuit.fr. Il a été créé à l'occasion de la campagne « Amis aussi la nuit » qui s'est déroulée du 6 juillet au 30 septembre 2020 et qui traitait de la consommation de substances psychoactives lors de contextes festifs.

- #2 Exemple de la campagne d'Orange (2020)

« Genre » une expression jeune.

Et vous, quelles expressions spécifiques allez-vous pouvoir utiliser pour toucher directement votre lecteur ? Une seule règle pour éviter le jargon : prenez des notes à chaque fois qu'une phrase vous « parle » !

# 30

# Ne culpabilisez pas votre lecteur

*« Que des numéros 10 dans ma team. » Booba*

La règle d'or du copywriting, c'est de respecter votre lecteur, de ne pas le prendre pour un imbécile et de l'inclure dans votre équipe. Le pire qui pourrait vous arriver ? Que votre lecteur se dise, en vous lisant : « Non, cette offre n'est vraiment pas pour moi, je suis trop nul, je n'y arriverai jamais. » Votre offre est là pour améliorer la vie de votre lecteur. Il sait pertinemment qu'il n'est pas parfait : s'il lit votre page de vente, s'il s'est abonné à vos newsletters, c'est parce qu'il pense que vous pouvez le mettre sur la bonne voie. Le pire serait alors de l'humilier, de l'enfoncer dans sa situation actuelle plus que nécessaire.

## Comment ne pas culpabiliser votre lecteur et l'inclure : l'importance du « nous »

L'une des meilleures opérations de communication récente est à mettre au crédit de L'Oréal Paris. Pendant le confinement, Eva Longoria, actrice vedette de *Desperate Housewives*, s'est filmée avec son téléphone en train de se teindre les cheveux avec le produit Excellence crème. Elle y montrait en gros plan ses cheveux blancs. Elle déclarait : « Je croyais que je pouvais vivre avec, en fait, non ! » Zéro culpabilisation, effet « je suis comme vous, j'ai envie de me sentir jeune et de (me) plaire » garanti. Le tout servi avec naturel et décontraction. Les abonnées d'Eva Longoria qui ont suivi sa teinture de cheveux en direct ont été conquises, rassurées, et en aucun cas culpabilisées (« Si une coloration de supermarché est assez bien pour Eva Longoria, ça marchera aussi pour moi ! »). Elle terminait d'ailleurs sa démonstration en remettant le slogan de L'Oréal au goût du jour, version inclusive : « Prenez soin de vous, parce qu'aujourd'hui plus que jamais, NOUS le valons bien. »

Le mot-clé ici, c'est l'inclusion. Le lecteur, qui souffre pour le moment, veut son ticket d'entrée dans votre club. Optez pour un vocabulaire positif, rassurant. Relisez la bible de la communication non violente de Marshall Rosenberg, *Les mots sont des fenêtres*. Mais si vous le pouvez, évitez le discours culpabilisant qui éloignera vos prospects, en quête de reconnaissance et de respect. Par exemple, un service de coaching sportif utilise pour son copywriting un vocabulaire très dur et militaire, comme le sergent instructeur Hartman qui hurle sur ses troupes dans *Full Metal Jacket*. Dans leur newsletter, on peut lire : « Tu es GROS »

Pour un lecteur qui est déjà entre 5 et 10 sur l'échelle de la douleur, ça peut conduire à un désabonnement de la newsletter, et à un rejet total du vendeur et de son service.

N'oubliez pas que vous avez été comme vos lecteurs, comme vos prospects. Ils attendent que vous leur tendiez une main, pas que vous les insultiez.

## Sept formules à utiliser quand vous écrivez pour ne pas culpabiliser votre lecteur

Voici sept formules passe-partout que vous pourrez utiliser dans votre copie pour vous rendre plus humain et rendre votre offre plus accessible :

- « Des gens comme vous »
- « Moi aussi avant… »
- « … et vous êtes loin d'être le seul à… »
- « Et c'est humain de… »
- « Acceptez le fait de… »
- « Ne regrettez pas d'avoir… »
- « Et vous aussi vous allez [atteindre l'objectif] si vous commandez dès aujourd'hui, car je crois en vous, et que je sais que la formule fonctionne. »

## Existe-t-il des exceptions à la règle ?

On trouve des traces de mépris partout dans la communication politique actuelle, de « casse-toi pauvre con ! » aux « sans dents », mais heureusement assez peu dans le copywriting.

Vous verrez rarement des publicités avec des titres comme : « Pourquoi tu vas rester un sale pauvre ? » ou « Sors de ton canapé, sale obèse ! »

Et pourtant, il y a une règle à retenir : la polarisation, les extrêmes font vendre. Dans le copywriting, on dit que l'argent se trouve dans le chaud et dans le froid, mais pas dans le tiède. Comprendre : vous pouvez fédérer autour de vous une grande communauté et vendre plus, tant avec des idées très négatives qu'avec l'exact opposé, une grande bienveillance. Les gens achètent à des personnalités ou à des entreprises incarnées, qui ont des valeurs. Rester dans le tiède, c'est la garantie de ne rien vendre. Dans le tiède, vous tenterez toujours d'apaiser les chauds et les froids. Personne ne réussit ce grand écart.

Vous allez donc devoir prendre parti dans votre copywriting et adopter une mentalité « nous contre eux » digne du bipartisme politique. Les rouges contre les bleus. Vous allez devoir vous positionner en tant que marque, dire ce qui est bien et pas bien. Ce que vous validez ou non. Vos lecteurs, vos futurs clients cherchent un leader, quelqu'un qui leur dit quoi penser et quoi faire et qui montre la voie à suivre.

# 31

# Je ? Vous ? On ? Le pouvoir des pronoms

Salut lecteur, tu vas bien aujourd'hui ? Tu as prévu d'écrire quoi de beau ? Un article, une vidéo de vente ? Tu comptes plutôt travailler sur ton planning de publication sur Instagram ?

Je m'arrête là : j'ai toujours eu du mal à tutoyer mes clients. Dans ce chapitre, découvrez les règles relatives aux pronoms qu'utilisent les copywriters pour leurs contenus.

## Diminuez le « je »

Devez-vous utiliser la première personne dans un texte ? Il existe des moments où l'emploi du « je » est inévitable.

Si l'histoire que vous racontez est personnelle, utilisez « je ». Surtout si vous racontez votre parcours, votre progression, votre voyage du héros, et que vous détaillez la manière dont vous avez surmonté les obstacles qui se dressaient sur votre chemin.

L'emploi du « je » permet de créer une intimité avec votre lecteur, une vraie relation. Quand vous dites « je », vous le laissez entrer dans votre univers, vous le laissez voir vos failles, votre humanité. Dès lors, vous devenez plus qu'un « simple vendeur », et votre lecteur vous fait davantage confiance.

Quelques exemples pour illustrer cette notion de progression personnelle :

- « Je ne faisais pas mes études dans une des écoles cibles, et pourtant, j'ai réussi à intégrer les prestigieux cabinets de conseil BCG et McKinsey. »
- « J'avais pris 10 kg entre mes 32 et mes 42 ans, je ne rentrais plus dans mon costume de mariage, et je me suis mis à faire ces exercices de sport simples et efficaces que je vais vous dévoiler dans un instant… »
- « Comme tous les soirs, je me suis couché tout seul, à 27 ans, et j'ai décidé que j'en avais marre d'être vierge. Alors j'ai lu tous les articles de artdeseduire.com, des livres de psychologie, et je me suis inscrit sur un site de rencontres. Je vous montre les techniques de conversation que j'ai employées pour séduire la femme de ma vie. »

## Augmentez le « vous »

Vous devez vous adresser à votre lecteur, pas à vos lecteurs. Un seul, qui est unique, pas à une masse informe qui est présente dans un stade :

- « Vous pourrez dresser votre chien grâce à ma méthode », plutôt que « Vous pourrez dresser vos chiens grâce à ma méthode » ou « Chacun pourra dresser son chien grâce à ma méthode ».

- « Quand vous vous sentez seul », au lieu de « Quand vous vous sentez seuls ».
- « Cette pilule magique permet de remettre votre corps en forme », et non pas « vos corps en forme ».

Vous n'êtes pas un homme politique qui s'adresse à la foule : vous voulez créer une relation personnelle avec votre lecteur. Le copywriting est un exercice de patience où vous vous adressez à un lecteur à la fois !

Pour être sûr d'utiliser suffisamment de « vous », vous pouvez faire le test de Ahern, qu'on appelle aussi le « You test ».

On attribue ce test à Tom Ahern, un coach spécialisé dans la communication des organisations caritatives. C'est un secteur très concurrentiel : la Croix-Rouge, l'Unicef, le Téléthon, AIDES sont en campagne toute l'année, et ces associations ont besoin de convaincre pour attirer les donateurs.

Le « You test » de Tom Ahern exige que votre page de vente, que votre article, comporte deux fois plus de « vous » que de « je ». Si ce ratio est supérieur ou égal à deux, il considère que vous avez bien écrit. Si ce ratio est inférieur, cela signifie qu'il y a encore trop de « je » et pas assez de « vous ».

Dans ce cas, vous devez revoir votre copie afin de l'alléger en « je ».

## Tu ou vous ?

Un problème dont on n'aurait pas besoin de parler si on était anglais. « I love you », c'est toi, c'est vous. Mais nous, Français, devons distinguer ce « tu » du « vous ».

J'aime beaucoup l'usage du vous de politesse, de respect, celui de Brigitte Bardot dans sa chanson *Moi je joue* : « À présent, ce ne sera plus vous mais toi. »

C'est la même histoire que nous raconte les journaux people au sujet de quelques couples célèbres : Michel Piccoli et Juliette Gréco, Jacques et Bernadette Chirac, Julien Clerc et Hélène Grémillon,

Arielle Dombasle et Bernard-Henri Lévy se vouvoyaient. Plus chic, plus respectueux, moins vulgaire.

Évidemment, si vous vous adressez à un public d'enfants, vous pouvez les tutoyer. Si vous vendez une offre à des séniors, optez pour le vouvoiement : c'est une marque de respect.

Dans les médias, *Les Inrocks* peuvent tutoyer les artistes, comme les journalistes sportifs de *L'Équipe* tutoient les footballeurs de l'Équipe de France en conférence de presse : parce que c'est l'usage. À la télé, Yann Barthes tutoie ses chroniqueurs en plateau, mais vouvoie ses invités.

Faites attention au tutoiement imposé qui peut être pris comme une agression. C'est le tutoiement du policier qui rabaisse immédiatement la personne qu'il contrôle. C'est le tutoiement du sergent-chef, du coach sportif qui domine l'autre.

Lorsqu'un Youtubeur me tutoie d'emblée, j'ai envie de passer mon chemin. On n'a pas gardé les cochons ensemble, une distance s'impose. Je n'offre pas ma confiance, ma camaraderie à n'importe qui. C'est probablement lié à mon âge et à mon éducation… et c'est une bonne question à poser à votre communauté si vous créez du contenu en ligne : « Vous préférez que je vous tutoie ou que je vous vouvoie ? »

La règle que j'applique et que je vous recommande d'utiliser : « Si t'es dans le flou, utilise vous ! »

## Quand devez-vous utiliser la troisième personne ?

Avec « il » et « elle », vous opérez une sorte de mise à distance, qui peut être exemplaire ou servir de mise en garde. Utilisez l'histoire d'un client qui a atteint son objectif grâce à votre méthode. C'est le cas des avant/après pour les greffes de cheveux, pour la perte de poids, pour la prise de muscle, pour le gain de blancheur avec les dentifrices :

- « Jeanne a réussi sa transformation physique en seulement 2 mois avec la méthode Musclor ! »

- « Faites comme Serge, qui a atteint 9 % de retour sur investissement en nous confiant son épargne ! »
- « Brigitte a trouvé un emploi en moins de 7 jours en appliquant notre méthode Candidat irrésistible ! »

Quand les résultats atteints par cette tierce personne sont positifs, expliquez à votre lecteur que lui aussi peut bénéficier de ces résultats.

À l'opposé, l'histoire racontée à la troisième personne peut servir à mettre en garde le lecteur, notamment dans la partie de votre page de vente sur le marketing répulsif : « Yann a lâché au bout de 11 jours. Il s'est découragé, s'est remis à manger n'importe comment et a repris ses 3 kg en 3 jours. Il ne s'était pas engagé à fond. Notre méthode ne fonctionne que pour ceux qui ont vraiment décidé de se reprendre en main. Ne soyez pas comme Yann. »

Astuce en plus : il n'y a pas que le singulier dans la vie, il y a le pluriel aussi. Vous pouvez utiliser la troisième personne du pluriel pour faire rêver, pour mentionner un groupe de référence de votre lecteur :

- « Les acteurs hollywoodiens utilisent cette solution blancheur pour leurs dents. »
- « Les meilleurs dragueurs révèlent leurs secrets de séduction. Âmes sensibles s'abstenir… »
- « 87 % de nos investisseurs sont satisfaits à l'issue de la première année et travaillent en moyenne 12,8 ans avec nous. »

Ou, à l'inverse, utilisez la troisième personne du pluriel pour évoquer le groupe « épouvantail », ce groupe que le lecteur veut fuir :

- « C'est le problème des copywriters qui gagnent mal leur vie : ils alternent entre surcharge de travail mal payé et prospection inefficace. »
- « Ne faites pas comme ces consultants qui spamment tout le monde sur LinkedIn. Découvrez plutôt notre technique de mailing ultra-ciblée. »
- « Et c'est pour cela que 83 % de ceux qui font un régime finissent par reprendre leur poids d'origine… »

L'exemple culte à connaître, c'est le best-seller sur la finance personnelle de Robert T. Kiyosaki, *Père riche, père pauvre*. Dans son livre, l'auteur explique les leçons qu'il a reçues de ses deux pères, l'un qui a fait fortune (groupe de référence pour le lecteur) et l'autre qui a sombré dans la pauvreté (groupe épouvantail). Lisez-le pour bien voir la mécanique !

**RÉSUMÉ**

« Je » permet de vous crédibiliser, de raconter votre parcours du héros et de créer une relation avec votre lecteur.

« Tu » permet de simuler un rapport de familiarité et de connivence entre vous et votre lecteur.

« Il », « elle » et « eux » permettent de pointer du doigt une personne ou un groupe de référence, ou un groupe épouvantail, auquel votre lecteur va s'identifier ou duquel il va vouloir se différencier.

« Vous » est le pronom du copywriting : utilisez-le dès que vous en avez l'occasion, vous ne vous tromperez que rarement !

**Pour aller plus loin**

*Usages et stratégies de tutoiement dans l'écrit public*, Mat Pires, *Langage et société*, n° 108, 2004/2, p. 27-56.

*Ce qu'ils disent vraiment : Les politiques pris au mot*, Cécile Alduy, Seuil.

# 32

# Tuez la voix passive !

*« Que se serait-il passé si, au lieu de "Nous nous battrons sur les plages", j'avais dit "Les hostilités seront engagées avec notre adversaire sur le périmètre côtier" ? »*
*Winston Churchill*

« La voix passive ne doit pas être utilisée par vous. » « Les ongles ne doivent pas être rongés. » « Les distances de sécurité doivent être respectées. » « Mais surtout, votre page de vente doit être dynamisée. » La voix passive, utilisée pour les quatre phrases ci-dessus, fait partie des fautes de style que les éditeurs détestent le plus. Et il y a une bonne raison pour qu'ils sortent leur stylo rouge quand ils croisent la route de la voix passive. En 2019, je m'arrachais les cheveux en lisant les textes de l'un de mes stagiaires. Il sortait de fac de droit et voulait se reconvertir dans la communication. Ses textes étaient secs et truffés de voix passive. Ils sentaient le contrat, l'administratif, et ne me donnaient absolument pas envie. Je n'arrivais pas à les lire jusqu'au bout alors que c'était mon travail. Je n'osais même pas imaginer à quelle vitesse les lecteurs allaient refermer ses articles. La voix passive, dans une page de vente ou un article de blog, a l'art de tout ralentir. Elle vient détruire le rythme que vous avez créé : un rythme entraînant, hypnotique, qui pousse à l'action. Or, l'action se caractérise par un mode précis : la voix active.

Avec la voix active, votre lecteur est incité à télécharger cette application, à signer cette pétition, à participer à cette levée de fonds participative, à regarder immédiatement cette vidéo, à recevoir gratuitement cet e-book, à mettre ce produit au panier, à profiter de cette offre exclusive ! Si vous utilisez la voix active, vous installez une ambiance, un ton, vous créez une histoire où votre lecteur est le héros. Il agit, il est responsable, il est incité à passer à l'action. La voix active pour vos textes, c'est l'équivalent de la scène d'introduction des *James Bond*, *in medias res*, au milieu des choses, au cœur de l'action.

Cette notion, c'est le publicitaire qui a inspiré la série *Mad Men* qui nous la raconte dans son livre *From these wonderful folks who gave you Pearl Harbor*. Jerry Della Femina, l'auteur, partage l'histoire d'un produit qui avait tout pour cartonner. Il s'agissait d'une préparation pour les gâteaux, que les mamans n'avaient qu'à verser dans un moule en ajoutant un peu d'eau. Hop, au four et le tour est joué ! Les ménagères de moins de 50 ans ont rejeté le produit alors qu'il possédait les trois caractéristiques essentielles pour vendre : la nouveauté, la simplicité et le prix bas. Elles ne l'ont pas adopté car à cause de ce produit, elles perdaient leur statut de chef de cuisine, de mère nourricière. Elles avaient la sensation de ne rien faire, d'être inutile, de subir le produit et non plus d'être au cœur de l'action. Or personne n'aime subir, personne n'aime être inutile : nous voulons tous être au cœur de cette « histoire dont vous êtes le héros ».

Une fois que l'industriel a compris cette erreur, il a trouvé comment mieux vendre sa préparation à gâteau. La solution, vous allez le voir, est contre-intuitive pour tous ceux qui aiment la simplification des process. Dans la nouvelle version du produit et de la publicité, on voyait désormais la mère de famille verser sa préparation à gâteau dans un moule, y ajouter de l'eau et… y casser un œuf !

Cette simple action supplémentaire a permis de souligner le rôle essentiel de la mère de famille, de reconnaître sa valeur : sans elle, il n'y a pas de gâteau, avec elle et cet œuf brisé d'une main de maître, tout change ! Je vous invite à regarder sur YouTube des pubs pour les préparations à gâteaux Maman Alsa : rien n'a changé, on voit toujours la maman au cœur de l'action. Un autre auteur à succès va encore plus loin pour démolir la voix passive. Stephen King, maître du suspense et de l'horreur, a publié en 2001 *Écriture, mémoire d'un métier*, où il nous donne ses conseils pour bien écrire. Voilà la leçon du maître :

« Les verbes se présentent sous deux formes, la voix active et la voix passive. Avec un verbe actif, le sujet de la phrase est celui qui fait l'action. Avec un verbe passif, quelque chose est fait au sujet de la phrase. Le sujet laisse la chose se faire. Vous devriez éviter la voix passive. Ce n'est pas moi qui le dis ; le conseil figure déjà dans *The Elements of Style*. Messieurs Strunk & White ne cherchent pas à savoir pourquoi tant d'écrivains ont recours à la voix passive ; moi, si. Je pense que les écrivains timides la chérissent pour la même raison que les amants timides chérissent des partenaires passives (ou passifs). La voix passive, c'est la sécurité. »

Dans le copywriting, vous n'irez nulle part si vous ne prenez pas de risque, si vous ne placez pas votre prospect au cœur de l'action. Il doit agir, pour lui, et pour vous !

**À vous d'écrire !**

Réécrivez ces phrases à la voix active. Par exemple, « Aucun contenu ne doit être écrit par plaisir : il doit avoir un but » devient : « N'écrivez aucun contenu sans avoir un but précis ! »

« Des idées ont été échangées lors du brainstorming. »

.................................................................................................

.................................................................................................

« La construction de la page de vente requiert d'assembler plusieurs blocs de texte. »

.................................................................................................

.................................................................................................

« Le livre de Sélim Niederhoffer m'a fait passer une bonne soirée. »

.................................................................................................

.................................................................................................

# 33

# Soyez précis !

*« Les détails font la perfection, et la perfection n'est pas un détail. » Léonard de Vinci*

Avez-vous déjà acheté une voiture garantie « environ » 5 ans ? Avez-vous déjà investi vos économies pour louer un chalet à la montagne « d'à peu près » 50 $m^2$ ? Avez-vous déjà été séduit par une formation qui vous aiderait à gagner « bien plus » d'argent ? Non, et vos prospects non plus ne supporteront pas l'imprécision. Des phrases vagues, des termes flous, des chiffres approximatifs véhiculent l'incertitude. Or, votre métier de copywriter consiste à rassurer et à vendre de la certitude, du concret. C'est pour cela que vous devez être précis et donner des détails pour aider vos prospects à vous faire confiance et à acheter.

## La vente ne tolère pas l'à peu près, tout est dans les détails

Si vous n'êtes pas précis, ça sent le sujet mal maîtrisé, le flou artistique ou le mensonge pur et simple. Évitez les termes suivants : quelques, environ, à peu près, un peu plus de, pas loin de, beaucoup plus de, de nombreux, vraiment beaucoup, plus vite, plus haut, plus fort. La science de la vente exige des chiffres, et vous devez les donner à votre client pour le convaincre du sérieux de votre offre. Détaillez le nombre de clients conquis par vos offres (preuve sociale, compteur de *likes*), le nombre de ventes par mois, le nombre de pays où vous vendez votre offre, le nombre de vidéos que reçoit votre lecteur, le nombre de pages de votre PDF, la durée de votre webinaire, la durée en semaines de votre accompagnement, etc. La règle : n'utilisez pas d'adjectif indéfini, utilisez des nombres.

### *Exemple 1 : « Vous allez économiser vraiment beaucoup avec cette offre »*

Reformulation précise 1 : « Vous pouvez réaliser des économies allant de 10 à 17 % grâce à cette offre. »

Reformulation précise 2 : « Et si vous vous investissez vraiment et suivez à la lettre nos principes, vous pourrez comme Jean, notre meilleur client, garagiste dans le Morbihan, économiser 17 % grâce à cette offre. »

Reformulation précise 3 : « Vous pourrez économiser jusqu'à 17 % avec cette offre, soit pour la moyenne de nos clients plus de 1 500 € d'économies réalisées par an. De quoi louer une belle maison pendant une semaine pour les vacances ! »

Détaillez ce que veut dire « vraiment beaucoup ». Mettez cette notion en chiffres pour commencer. Vous pouvez aussi la rendre crédible avec l'histoire de Jean. Racontez l'histoire d'un client et utilisez son prénom plutôt que d'écrire simplement « un client ». Rendez les gains concrets (« une belle maison »). Pourquoi ça marche mieux ? Parce que le lecteur visualise la situation, c'est du concret pour lui.

## *Exemple 2 : « Notre coaching est le meilleur sur le marché »*

Reformulation précise 1 : « Et parce que nous mesurons les résultats de nos coachés, notre offre est l'une des meilleures sur le marché : grâce à l'effet d'engagement, vous vous investissez plus, et obtenez plus de résultats. »

Reformulation précise 2 : « Vous ne trouverez nulle part ailleurs un meilleur coaching en copywriting. J'ai cherché pour vous, mais personne ne combine pour le moment l'expérience, la pédagogie et la disponibilité de nos équipes qui travaillent pour votre réussite. »

Reformulation précise 3 : « En moyenne, nos coachés triplent leurs revenus en 3 mois seulement grâce à notre coaching. Mais il y a des exceptions : Sarah, prof de yoga dans le Lot et Garonne (47) a multiplié son CA par 8 en 3 mois, et David, gérant d'une société de sécurité à Haguenau (67), a fait 5 fois son CA habituel en mettant en place les méthodes enseignées lors de ce coaching. »

La reformulation 1 dit pourquoi vous êtes le meilleur, la reformulation 2 aussi, mais la 3 est encore meilleure car elle vend des résultats ! Expliquez ce que veut dire « être le meilleur ». Celui qui garantit le plus de résultats ? Le plus humain ? Le plus régulier ? Celui qui dure le plus longtemps dans le temps ? Le moins cher ? Si j'étais vous, je ne jouerais pas avec la notion de meilleur : elle est trop floue. Simon Sinek la démonte d'ailleurs dès l'introduction de son nouveau livre pour les dirigeants, *Le jeu infini*.

## Paiement et livraison : précision chirurgicale obligatoire !

Outre les chiffres, les promesses et les résultats, vous devez être très précis quand vous expliquez les étapes finales à votre lecteur, à savoir le paiement et la livraison de l'offre. Le prospect ne veut pas de surprise : énoncez clairement ce qu'il va se passer pour lui quand il va cliquer sur le bouton vert :

« Une fois que vous cliquerez sur le bouton "Ajouter au panier", vous arriverez sur un formulaire où je vous demande des informations nécessaires à la commande. Votre nom, votre mail et le code de votre carte bleue. Ensuite, vous arriverez sur un écran de confirmation, et dans la minute qui suit, vous recevrez dans votre boîte mail vos codes d'accès à votre formation. Sur le relevé de votre carte bleue, il y aura écrit [NOM DE VOTRE SOCIETE] à côté du montant de [XX €]. »

Si votre offre est un produit physique, soyez précis sur les délais de livraison. Personne n'aime attendre « environ une semaine » qui en dure trois.

Vous pouvez reprendre votre tunnel de vente et traquer les « des », « certains », « quelques », « plusieurs » pour les remplacer par des exemples précis !

# 34

# *Show, don't tell* : la théorie du bonnet et de l'écharpe

*« Une image vaut mille mots. » Confucius*

Parmi les nombreuses règles d'or que les copywriters ont emprunté aux scénaristes et aux romanciers, il y en a une que vous devez respecter : « *Show, don't tell !* » En français : « Ne racontez pas, montrez ! » Si vous écrivez un roman, vous n'avez pas besoin d'écrire : « Estelle avait froid parce que nous étions au mois de novembre. » Vous pouvez simplement écrire : « Estelle ajusta son écharpe, qu'elle avait assortie avec son bonnet ce matin. » L'image d'Estelle suffit à nous faire comprendre qu'il fait froid. Ne dites pas que nous sommes en novembre, montrez-le. C'est une philosophie que vous devez garder en tête lors de la rédaction de l'intégralité de votre page de vente. Cette idée est souvent mise au crédit de l'écrivain russe Anton Tchekhov, qui aurait déclaré : « Ne me dites pas que la lune brille, montrez-moi plutôt le reflet de la lumière sur un éclat de verre. » Cette technique d'écriture permet à votre lecteur de vivre l'histoire grâce à des actions, des sensations, des images, plutôt que des descriptions basiques.

## Ne racontez pas les résultats, montrez-les !

Ne dites pas que votre offre permet de perdre du poids : montrez des photomontages avant/après convaincants. Ne dites pas que vos clients ont doublé leur chiffre d'affaires : montrez des copies d'écran de leur tableau de suivi des ventes. Ne dites pas que votre coaching permet de rencontrer l'amour : montrez des couples heureux et, si vous le pouvez, des coachés qui témoignent de l'efficacité de votre offre. Le monde de la restauration s'est converti aux photos sur Instagram, les univers de la coiffure, de la beauté et du maquillage également pour montrer les résultats obtenus.

Ne vous contentez pas de dire à vos prospects : « Vous allez faire ceci, vous allez obtenir cela, vous allez devenir ainsi… ». Plus vous serez capable de démontrer vos résultats, plus vous gagnerez en crédibilité aux yeux de votre prospect.

Par exemple, je ne vais pas écrire : « Je suis un bon coach en séduction. Si vous venez de divorcer et que vous voulez retrouver quelqu'un, faites-moi confiance. » Je vais plutôt écrire : « J'ai toujours l'impression de faire le job de l'ombre, comme un espion qui doit être le plus discret possible. L'autre jour en allant faire les courses de Noël, j'ai croisé Thierry, qui marchait avec une femme, main dans la main. Ils riaient, ils avaient l'air heureux. Nos regards se sont croisés et il a fait comme s'il ne me connaissait pas. Ça fait plus de 10 ans que mes anciens clients m'esquivent quand ils me croisent, j'ai l'habitude. Plus tard dans la soirée, il m'a envoyé un texto pour me remercier de ma discrétion, lui qui quelques mois plus tôt pensait qu'il ne rencontrerait plus jamais personne après son divorce. » Si l'objectif est le même (convaincre que je peux vous aider à retrouver l'amour après un divorce), la sensation ressentie en lisant la deuxième version est bien plus puissante.

## Montrez aussi votre produit en condition d'utilisation

Si vous regardez une publicité télévisuelle pour des pâtes, vous ne verrez pas simplement le résultat, une famille qui a bien mangé et des assiettes vides. Vous verrez le paquet de pâtes, la cuisson et le produit en train d'être consommé par la famille. Idem pour les publicités pour la lessive, le maquillage ou le dentifrice : vous voyez le packaging, le produit, le produit en train d'être utilisé, et le résultat. Si vous êtes coach, n'oubliez pas de vous mettre en scène lors d'une séance de coaching, lors d'une conférence, lors d'un atelier. Si vous êtes prof de yoga, montrez-vous lors d'une pratique, seul ou avec vos clients. Si vous vendez un infoproduit, proposez des photos de votre formation disponible sur un téléphone, une tablette, un ordinateur portable, un ordinateur fixe, avec un coaché qui est en train de se former. Ça viendra conforter l'impression du prospect que votre offre est réelle, tangible, et confirmer les caractéristiques que vous avez déjà révélées plus tôt (voir chapitre 17).

Par exemples, sur la page de vente de Copywriting Express, je montre un atelier de coaching en copywriting, et je montre la formation sur les différents supports, notamment le téléphone portable (utilisez l'outil gratuit mockuper pour faire ce genre de visuel) :

# 35

# La liste des mots magiques

*« Si le mot cul est dans une phrase, le public, fût-elle sublime, n'entendra que ce mot. » Jules Renard,*
Journal 1893-1898.

Pas besoin de faire une école de commerce à 13 000 € l'année pour devenir riche. Utilisez plutôt des techniques de rédaction ultra-puissantes qui ne coûtent rien : les mots magiques. Quand vous étiez petit, on vous répétait sans cesse qu'il fallait dire « le mot magique » – s'il vous plaît – pour obtenir quelque chose. Dans *The Thank you economy*, le médiatique blogueur et patron d'agence Gary Vaynerchuk déclare que le nouveau mot magique à l'ère des communautés, c'est « merci ». Dans le chapitre sur les pronoms, vous avez lu que le mot le plus puissant pour un copywriter, c'est « vous ». Chaque bloc de texte de la Super Structure a ses propres mots magiques.

« Immédiatement », « maintenant », « tout de suite », « rare », « offre limitée », « jusqu'à épuisement des places », « seulement 10 clients » sont des mots magiques utilisés dans le bloc texte du CTA. En revanche, si j'écris : « imaginez », « que serait votre vie si », « aimeriez-vous offrir à vos enfants », « dans 2 ans », « plus jamais », « visualisez », vous savez immédiatement que nous sommes dans le bloc de texte du *future pacing*. Votre mission, si vous l'acceptez : collectionner ces mots-clés, ces phrases chocs, leurs synonymes, leurs contraires, et les intégrer dans votre copie pour vendre plus.

## Comment repérer les mots magiques ?

Les mots magiques sont des mots qui font tourner la tête des lecteurs, qui les arrêtent alors qu'ils étaient en train de faire autre chose. Lisez un discours politique, récent ou ancien, et vous verrez que les hommes politiques utilisent les mots magiques et maîtrisent parfaitement l'art de la rhétorique. Les lois de la rhétorique datent d'Aristote :

- le *logos* parle à la tête avec des arguments logiques ;
- le *pathos* parle au cœur et fait vibrer les foules ;
- l'*ethos*, c'est l'éthique, c'est le caractère de l'orateur (plus il est vertueux, plus il convainc les foules – voir chapitre 19 sur l'autorité).

Lisez *I have a dream* de Martin Luther King, lisez les discours de Churchill (ou regardez *Les heures sombres* et *Le discours d'un roi*). En mars 2020, le président de la République Emmanuel Macron déclarait que nous étions « en guerre ! » (contre le coronavirus). Les mots magiques sont des mots forts, puissants, parfois hypnotisants qui inspirent, qui peignent des images vives dans l'esprit du lecteur ou du spectateur, et qui permettent de mobiliser les foules et de les faire agir.

Prenons un exemple : « Ce vilain tacle de Perrin sur Mbappé » n'est pas un titre qui fera cliquer. « L'attentat de Perrin sur Mbappé » obtiendra à coup sûr plus de clics ; c'est un titre qui tue car il utilise un mot magique : attentat. Un mot magique n'est pas forcément positif ou bienveillant : c'est un mot qui provoque une réaction chez le lecteur. La joie, la colère, la peur, la tristesse, la surprise, le dégoût sont les six émotions primaires relevées par le psychologue Paul Eckmann. Dans notre exemple, « l'attentat » en question est de nature à susciter la colère et la peur chez le supporter du PSG (et de l'Équipe de France).

## Faites la liste des mots magiques spécifiques à votre niche

Il existe des mots magiques spécifiques à chaque niche. Dans la mode, vous pourriez utiliser les mots magiques comme « élégance », « style », « finesse », « harmonie », « remarquable », « sortir du lot ». Certains mots, eux, passent de mode. Repensez aux mots et expressions tendance qui marquent une époque : « bath », « cool », « in », « branché » (le fameux « chébran » que Mitterrand reprend instantanément en disant « mais c'est déjà un peu dépassé. Vous auriez dû dire "câblé !" »). Dans mes domaines de prédilection – les relations amoureuses et la séduction – les mots magiques sont différents. « Solitude », « isolement », « soirée canapé », « geek », « finir seul », « timidité », « rougir », « vieux garçon », « blocage », « ne pas oser », « ne pas savoir », « moche », « gros », « pauvre », « pas d'amis », « pas attirant » sont des mots magiques négatifs, ceux qu'on utilise pour remuer le couteau dans la plaie. « Couple », « bonheur », « éloquence », « vie sociale », « main dans la main », « embrasser », « toucher », « faire l'amour », « partager sa vie avec quelqu'un » sont des mots magiques positifs, ceux qu'on utilise notamment pour les blocs textes *future pacing* et pour les puces de bénéfices. « Flirter » et « conter fleurette » font partie des mots désuets que je n'utiliserais que pour les 50 ans et plus. Vous devez saupoudrer votre texte de mots magiques spécifiques à votre niche pour montrer que vous êtes l'expert, pour rassurer votre lecteur et lui donner envie d'acheter. Je vous recommande de créer un document dans lequel vous allez lister tout ce cocon sémantique : il vous servira avant de rédiger vos contenus. L'objectif, c'est vraiment d'immerger votre lecteur dans une ambiance propre à votre niche.

## Les cinq catégories de mots magiques à utiliser quelle que soit votre offre

### *Les mots magiques pour exprimer la nouveauté*

La nouveauté attire. Elle suggère l'aventure, la découverte. La nouveauté fonctionne et est nécessaire si vous voulez vendre votre offre. Votre lecteur veut se voir comme un explorateur qui utilise votre offre avant les autres (besoin d'estime). La nouvelle Coccinelle vendue par Bernbach année après année ne subissait que très peu de modifications, et pourtant, elle se vendait toujours mieux ! Idem pour le café, le dentifrice, la lessive, les pâtes : quoi de neuf, docteur ? Rien. Juste l'utilisation du mot magique « nouveau » !

Voici 20 mots magiques pour faire ressentir la nouveauté dans vos textes :

- Amélioré
- Autrement
- Dernier cri
- Dernier-né
- Direct de la Silicon Valley
- Exclusif
- Inédit
- Innovant
- Innovation
- Jamais vu
- Modernisé
- Nouveau
- Novateur
- Originalité
- Pionnier
- Réinventé
- Repensé
- Révolutionnaire
- Transformé
- Upgradé

Exemple : « Apprenez l'anglais autrement avec l'application innovante Babbel. Nous avons mis au point cette méthode révolutionnaire d'apprentissage des langues, en synthétisant toutes les méthodes pédagogiques innovantes tout droit venues de Stanford et du MIT. »

## *Les 55 mots magiques pour susciter la peur*

Les chaînes d'info en continu en raffolent. Pourquoi jouer avec ce sentiment de peur ? Pour retenir l'attention des téléspectateurs et des lecteurs, évidemment ! La peur est la plus puissante des émotions (Christophe Lambert – le publicitaire, pas l'acteur – en parlait très bien dans *La société de la Peur*.) La peur est hypnotisante, c'est pour cela que vous devez l'utiliser pour remuer le couteau dans la plaie.

- Agitation
- Agonie
- Alerte
- Anxiété
- Armée
- Arnaque
- Assassinat
- Assaut
- Attentat
- Attention
- Bombe
- Burn out
- Catastrophe
- Cauchemar
- Chômage
- Contagion
- Contamination
- Crise
- Danger
- Décès
- Dégâts
- Détresse
- Dévastateur
- Drame
- Échec/échouer
- Émoi
- En feu
- Enlèvement
- Erreur
- Frustration
- Illogique
- Invasion
- Irrationnelle
- Licenciement
- Manque
- Marre de
- Massacre
- Mort

- Noyer
- Panique
- Paralysie
- Pénurie
- Peur
- Poison
- Rater
- Récession
- Solitude
- Soucis
- Souffrance
- Spectre
- Stress
- Tensions
- Terreur/terrible
- Toxique
- Tragédie

Exemples : « Anxiété, mal-être, boule au ventre : savez-vous que 80 % des Français vont au travail à reculons ? La souffrance psychologique est palpable, les arrêts de travail se multiplient, quitte à risquer le licenciement et le chômage. Pourtant, une vie plus libre et plus riche est possible pour vous... si vous prenez le chemin de l'indépendance financière. Reprenez le contrôle de votre vie et devenez votre propre patron en téléchargeant cet e-book gratuit pour vous. »

« Effrayant ! Savez-vous que 4 entreprises du Web sur 5 déposent le bilan avant la 3e année ? Retour au chômage, CV rejeté par les recruteurs, isolement social : anticipez ce cauchemar et mettez cap sur la réussite avec la formation MAXI-MILLIONNAIRE. Ces conseils simples et concrets vous aideront à multiplier votre CA par 3 rapidement ! »

## *Les 44 mots magiques qui concernent l'argent*

Les mots magiques en rapport avec l'argent sont parmi les plus puissants pour faire bouger vos lecteurs. L'argent est directement lié au besoin primaire de sécurité. Se nourrir, se vêtir, payer le loyer, régler ses factures, accéder à des hautes études, partir en vacances : l'argent est avec la santé la préoccupation n° 1 de vos lecteurs.

Si le mot magique le plus puissant est évidemment « gratuit », la liste qui suit vous permettra de séduire plus de lecteurs et de vendre plus :

- Argent
- Augmenter
- Avoir (en avoir pour son argent)
- Banque
- Bitcoin
- Bonus
- Booster
- Cadeau
- Cash
- Cher (pas)
- Chiffres d'affaires/à 6 chiffres
- Compte en banque
- Conversion
- Discount
- Économiser
- Finances
- Finir à la rue
- Fortune
- Gagner plus
- Garantie satisfait ou remboursé
- Gratuit/gratuitement
- Indépendance financière
- Investissement
- Jackpot
- Millions
- Multiplier
- Offert
- Offre exceptionnelle/ exclusive
- Performance
- Pour pas un rond/Prix cassés/À ce prix-là, c'est donné
- Profit
- Promotion
- Prospère
- Qui défie toute concurrence
- Seulement
- Réduction
- Remboursé à 100 %
- Retraite à 40 ans
- Revenus passifs
- Riche
- Ruiné
- Wall Street
- Warren Buffet (Bill Gates, Jeff Bezos, Cresus, Bernard Arnault, Jack Ma…)
- Week-end de 4 jours

Exemples : « Multipliez votre chiffre d'affaires par 10 grâce à 5 techniques de copywriters qui ont fondé leur agence et font aujourd'hui 6 chiffres ! »

« Pour vous remercier de votre fidélité, profitez de cette offre exclusive : ma formation (d'une valeur réelle de 297 €) est GRATUITE (seulement aujourd'hui jusqu'à minuit). »

## *Les mots magiques pour inspirer confiance et rassurer votre lecteur*

Votre lecteur a peur de se faire arnaquer. J'ai récemment reçu un mail de remerciement de Vincent, étudiant qui avait investi dans l'une de mes formations. Il écrivait noir sur blanc : « J'ai quand même cherché sur Internet et vous avez l'air d'être une vraie personne. » J'ai ri en lisant ça, parce que j'écris en signant de mon nom sur le Web depuis 2009 (avant, c'était sous pseudo). Comprenez l'importance des mots magiques liés à la crédibilité de votre offre et ôtez définitivement le doute de l'esprit de votre lecteur. Il veut se sentir rassuré avant d'acheter vos produits. Il veut croire qu'il obtiendra les résultats escomptés. Voici la liste des mots magiques qui rassurent :

- Accès à vie
- Adapté aux familles
- Authentique
- Breveté
- Certifications/Certifié
- Communauté
- Croire (« Ne me croyez pas moi : croyez-les eux ! »)
- Digne de confiance
- Confort
- Durabilité
- Empathie (Des personnes comme vous et moi)
- Expertise
- Fans
- Garantie
- Haute performance – haute résistance
- Incroyable (préférez des expressions plus modérées comme « presque incroyable » : restez crédible. Si vous vendez du rêve, le lecteur arrêtera de vous suivre)
- Je vous comprends/J'ai été comme vous/Moi aussi/Mon histoire personnelle/Mon passé/Mon expérience personnelle

- Longévité (depuis 1972)
- Magiques (uniquement pour les mots)
- Milliers de clients
- Pensé pour (votre cible)
- Plébiscité
- Protéger/protection
- Puissants
- Satisfait
- Les recherches ont démontré/Des études ont prouvé que
- Recommandé
- Remboursement
- Risques (sans risque, on prend le risque pour vous)
- Science/Les équipes scientifiques/Les études scientifiques
- Sécurisant/Sécurité/Sécuriser
- Silence
- Spécialiste
- Testé et approuvé
- Tranquillité
- Unique
- Ventes : top des ventes/Meilleures ventes
- Zéro tracas

Exemple : « Nous avons conçu, pour vous, ces compléments alimentaires que nous utilisons aussi. De grands athlètes, performants et puissants, les utilisent aussi depuis qu'ils sont devenus végétariens. Comme des milliers de clients comme eux, faites confiance à l'expertise de [nom de votre offre] pour [atteindre votre objectif]. »

## *Les 10 mots magiques pour faire accepter le prix de votre produit*

Avez-vous remarqué que bon nombre de blogueurs et entreprises cartonnent alors que leurs produits sont hors de prix ? Serait-ce une question de qualité ? Malheureusement, pas toujours.

Si certains s'en sortent très bien, c'est justement parce qu'ils savent se servir des mots magiques pour faire passer la douloureuse. Des mots comme :

- Achat malin
- Affaire (en or/bonne affaire)

- C'est donné
- Investissement (plutôt que coût ou prix – L'investissement est minime comparé aux énormes bénéfices engrangés)
- Des milliers de clients satisfaits
- Offre exceptionnelle – l'offre que j'aurais aimé qu'on me propose il y a 10 ans
- Prix cassé/ridicule/défiant toute concurrence/Prix d'ami/à ce prix-là
- Résultats spectaculaires
- Satisfait ou remboursé
- Somme (modique/ minuscule)

Exemple : « Je dois vous aider à investir dans [Nom de votre offre]. Et vous rappeler que comme des milliers de clients avant vous, les bénéfices que vous allez engranger sont énormes. L'investissement initial n'est rien à côté des bienfaits que vous allez ressentir. Et si les résultats ne sont pas à la hauteur de vos espérances, vous bénéficiez de ma garantie exceptionnelle "Satisfait ou remboursé". »

## *Mots magiques : devez-vous choquer pour capter encore mieux l'attention ?*

Démarrez vos textes avec tout ce que vous avez, avec vos images les plus fortes, avec les peurs les plus vives. N'ayez pas peur d'en faire trop, d'être outrancier : un copywriter se juge à ses résultats. Voici un exemple (fictif) pour vendre un atelier.

Objet du mail : « Et là, il a vraiment failli se pisser dessus ! »

Julien a 33 ans et pourtant, j'avais un gamin apeuré en face de moi. Il était humilié, et j'étais gêné pour lui. Ça faisait deux heures qu'il se retenait d'aller aux toilettes et tout le monde a ri dans la salle. Une salle pleine à craquer, pour mon dernier atelier copywriting. 100 chefs d'entreprise comme vous venus apprendre l'art d'écrire mieux pour vendre plus. Donc là, à 11h02, on a Julien qui lève la main pour m'interrompre et demander s'il peut aller au petit coin.

C'était l'occasion pour moi de parler d'une règle du business à tous ces boss qui généraient déjà entre 50 et 100 K par an : « Mieux vaut demander pardon que l'autorisation »... Le mail finissait par les blocs textes suivants :

[... Histoire, arguments, preuve sociale, rareté, urgence...

CTA : Réservez votre place pour le prochain atelier ! ]

# 36

# La liste des 50 nombres magiques

*« 4, 8, 15, 16, 23, 42 »*, Lost

Vous apprendrez en testant vos articles et vos newsletters que certains chiffres sont magiques, alors que d'autres ne créeront pas la même envie chez vos lecteurs. Le meilleur test que vous pouvez faire pour vous en rendre compte par vous-même, c'est de créer la même publicité avec un bon titre : « Les XX erreurs fatales à ne jamais commettre si vous voulez [objectif à atteindre] ». Remplacez XX par les chiffres suivants : testez 2 *vs* 3, 8 *vs* 10. Depuis que nous sommes enfants, en France, nous sommes bercés par un rythme ternaire : « Liberté, égalité, fraternité » ; le clergé, la noblesse, le Tiers-État ; bleu-blanc-rouge. Vous verrez que vous aurez rarement tort avec un titre en 3. Lorsque vous écrivez, essayez toujours de faire appel à des nombres magiques, symboliques, déjà vus : ils sont plus impactants… et je l'ai appris à mes dépens. Mon second livre s'intitule *Leçons de séduction : 375 leçons…* Il s'agit en réalité d'un abécédaire de la séduction qui aurait pu s'appeler *La séduction de A à Z*. Si j'avais décidé de m'arrêter à 365, nous aurions pu le marketer avec en sous-titre « Un conseil par jour pour trouver l'amour ». 365 est un nombre magique, on le connaît tous. Tant et si bien que le jour de la sortie du livre, de nombreux sites le vendaient avec le chiffre 365 leçons, au lieu de 375. La personne qui a saisi le nombre dans le système a dû croire à une erreur : personne n'utilise le nombre 375, elle a donc décidé de le rectifier… Depuis, je n'utilise plus que des nombres magiques pour tous les titres de mes articles de type « liste » comme « les 50 bonnes raisons de quitter Paris » !

## Comment choisir les bons chiffres pour vos titres : la liste des nombres magiques

Certains nombres font plus cliquer que d'autres.

- **1** : Un, l'Unique, *The One*, l'Élu. Quand vous annoncez un ou une dans une copie, dans un titre, c'est l'unique, c'est L'INFO ESSENTIELLE que doivent lire vos lecteurs. L'erreur absolue, LE conseil indispensable, LE secret le mieux gardé, LA méthode, *Le Secret* de Rhonda Byrne par exemple.
- **3** : les trois religions monothéistes, passé/présent/futur, longueur/largeur/hauteur, matin/midi/soir, le Père/le Fils/le Saint-Esprit, Riri/Fifi/Loulou, les trois petits cochons, les Rois mages, les trois marches du podium, Yes-We-Can, Four-More-Years, Le bon, la brute et le truand, les trilogies du Parrain, du Seigneur des Anneaux, les trois couleurs primaires.
- **5** : les cinq doigts de la main, les 5 piliers de l'Islam, le *Club des cinq*, les cinq anneaux olympiques, *Le Cinquième élément*.
- **7** : les sept jours de la semaine, le *Clan des 7*, Éric Cantona, David Beckham, CR7, les sept péchés capitaux, les sept mers,

S Club 7, les *Sept mercenaires*, le jeu des 7 familles, les sept royaumes de *Game of Thrones*.
- **10** : « que des numéros 10 dans ma team », les Dix Commandements, *Ils étaient dix*, Platini, Zidane, Maradona.
- **12** : les heures, l'Europe et ses étoiles, *Les Douze Salopards*, *Douze hommes en colère*.

13, 15, 17, 20, 21, 22, 23, 24, 25, 27, 29, 30, 31, 33, 36, 37, 39, 40, 44, 47, 49, 50, 52 (les cartes, les semaines de l'année), 55, 57, 59, 60, 66, 67, 69, 70… 100, 101, 111,… 200, 202, 222… 300, 303, 333… 365 évidemment, 500, 1000, 1001, etc.

## Que faire si votre liste de techniques ou de solutions n'a pas un nombre magique ?

La première astuce, celle que je vous recommande d'utiliser, est de vous creuser la tête un peu plus pour trouver une ou deux idées de plus et ainsi atteindre un chiffre magique. Si vous bloquez à 6, 8 ou 14, reposez-vous, laissez votre texte de côté, vous y reviendrez plus tard avec une nouvelle idée pour atteindre un nombre magique. Si vous n'y arrivez pas, je vous recommande de faire l'inverse : n'additionnez pas de nouvelle idée mais enlevez-en une ! Débarrassez-vous de la plus faible et obtenez enfin un nombre magique pour votre titre. Si vous bloquez à 6 ou à 8 ? Titrez « Les 5 étapes » ou « les 7 erreurs », et une fois votre liste terminée, offrez à votre lecteur une étape bonus ou une erreur bonus. Le mieux dans tout ça, c'est que vous passez pour un professionnel généreux qui ajoute des bonus !

## L'importance des prix psychologiques : les cas du 7 et du 9

Votre rôle en tant que copywriter est de convaincre coûte que coûte et de tester tous les éléments à votre disposition. Parmi eux, vous disposez du prix. Là, nous débordons légèrement de votre rôle de copywriter pour faire de vous un marketeur : rien de choquant si vous faites votre copywriting, et pas franchement surprenant non plus si vous écrivez pour un client. Vous êtes aussi là pour donner votre avis et vos conseils. Vous avez probablement déjà entendu parler des prix psychologiques. Le sujet, traité depuis 1936 au moins, est toujours étudié aujourd'hui. Une étude de Schindler et Kibarian de 1996 permet même d'obtenir une augmentation de 8 % des ventes en utilisant le bon prix psychologique, plus susceptible de modifier la perception du prospect. L'étude fut la suivante : ils proposaient le même produit à deux groupes de cobayes, en changeant simplement le prix afin de mesurer les différences de réactions. Ils proposaient au premier groupe un prix fixe du type 20 $, sans aucune décimale derrière. Puis ils proposaient le même produit au second groupe, en utilisant un prix à décimales du type 19,99 $. Résultat : une augmentation des ventes de 8 % ! C'est l'une des découvertes les plus importantes pour votre taux de conversion. Cette logique fonctionne également avec 99 € au lieu de 100 €. Plus le prix s'élève, moins les décimales sont importantes. Ce qui importe le plus est alors l'impression ou non d'atteindre un palier psychologique. Par exemple, 49 €, ce n'est pas 50 €, et d'après une autre étude (d'un chercheur de l'université de Chicago), l'œil du prospect reste visiblement plus fixé sur le chiffre des dizaines, ici le 4. Cet effet s'appelle le *left-digit bias* : c'est le fait de prêter plus d'attention aux premiers chiffres d'un prix qu'aux derniers. Imaginez le monologue interne de votre prospect à qui on présente un prix à 49 € : « Super offre ! Et en plus, elle ne coûte que 40 € » ; et un prix à 50 € : « Quel dommage que cette offre coûte 50 €… »

L'autre débat qui agite la communauté webmarketing depuis des années est celui des prix qui finissent par 9 ou par 7. Le 7 serait-il vraiment un chiffre magique ? Aiderait-il à faire plus de ventes ? Rien ne semble le prouver, aucun test sérieux n'a été entrepris depuis des années. Les marketeurs français qui proposent des prix terminant par 7 se reposent tous sur des tests anciens de l'Américain Ted Nicholas. Depuis, le 7 à la fin du prix est devenu une sorte de superstition pour infopreneurs. Si vous hésitez pour vos prix : regardez ce que fait Amazon ou Google et vous verrez que les prix finissent souvent par un 9 ou un 0.

# 37

# Comment forcer votre lecteur à vous lire jusqu'au bout grâce à cette découverte psychologique des années 1920

Votre prospect est arrivé jusqu'à vous *via* une publicité ou un mail. Il est là, il a envie de vous suivre. Mais comment vous assurer qu'il ne vous lâchera pas en cours de route ? Je vais vous révéler dans un instant cette technique imparable utilisée par tous les scénaristes hollywoodiens pour nous garder accros aux séries. C'est la lutte de tous les présentateurs de journaux télévisés du monde, l'objectif de tous les animateurs radio : garder le spectateur, garder l'auditeur le plus longtemps possible. Mais pour nous, copywriters, l'impératif va au-delà : nous devons garder notre prospect jusqu'à la fin, jusqu'au *call-to-action*, sinon tous nos efforts n'auront servi à rien. Si votre CTA arrive à la dixième minute de votre page de vente, peu importe que votre prospect reste une ou neuf minutes : seule la ligne d'arrivée sera comptabilisée. Pas de médaille de participation chez les copywriters !

Avant de vous révéler la puissance de cette technique, laissez-moi vous raconter une histoire. Ma femme est dans le canapé, en train de regarder (enfin) *Breaking Bad*, l'une des trois meilleures séries au monde (avec *The Wire* et *The Sopranos*, on pourra en discuter si vous le souhaitez !). Et je la vois s'agiter devant la saison 2. Ça commence par un œil qui flotte dans une piscine : c'est la scène d'introduction en noir et blanc de l'un des épisodes. Puis l'épisode d'après, le plan d'intro s'ouvre davantage et on comprend que l'œil appartient à un nounours rose. Ma femme ne comprend pas ce qui se passe : que vient faire ce nounours dans la série ? Comment cette scène est-elle reliée à la série ? Son trouble augmente encore quand lors d'un nouvel épisode, on voit apparaître deux sacs mortuaires devant la maison du héros, entourés par ce qui semble être la police scientifique, qui tient cet ours rose. Le mystère s'épaissit, ma femme ne tient plus en place. « Mais qu'est-ce qu'il se passe ? Oh non ! Ne me dis pas qu'il va tuer sa femme et son fils ! Mais ils sont fous ces scénaristes ! » Cette manière de dévoiler un mystère petit à petit, de tenir le spectateur en haleine est dérivée d'un effet psychologique puissant, découvert il y a plus de 100 ans, dans les années 1920, et vous allez pouvoir l'utiliser vous aussi pour captiver votre audience.

La découvreuse de cette loi de la psychologie humaine s'appelle Bluma Zeigarnik. Étudiante en psychologie dans la rayonnante Vienne des années 1920, elle s'émerveille de la mémoire des serveurs qui ne se trompent jamais au moment de livrer leurs commandes. Un jour, elle a une intuition. Après une commande encore parfaitement livrée, elle demande à tous ses amis de recouvrir leurs boissons et pâtisseries avec une serviette, pour masquer la commande. Elle rappelle le serveur et lui demande : « Est-ce que vous vous souvenez de ce que vous venez de nous servir ? » « Aucune idée », admet le serveur. Le cerveau du serveur est déjà passé à autre chose, et il a toutes les peines du monde à se souvenir du passé. Ainsi est né l'effet Zeigarnik qui stipule que notre cerveau reste plus concentré sur une tâche non effectuée qu'une tâche déjà terminée. Utilisé dans l'industrie des films et des séries, l'effet Zeigarnik permet de garder le spectateur mobilisé : qui est le tueur (*Columbo* et toutes les séries policières) ? Les deux héros finiront-ils ensemble (Ross et Rachel dans *Friends*) ? Jack survivra-t-il (*Titanic*) ? Jack, Kate, Sawyer, Locke et les autres sont-ils morts (*Lost*) ? S'il ne fallait retenir qu'un exemple de cet effet captivant, ce serait la série *How I met your mother* : il faudra neuf saisons au héros pour enfin révéler à ses enfants comment il a rencontré leur mère !

Utilisé par le cinéma et la télévision, l'effet Zeigarnik consiste à ne peindre la solution que progressivement, au moyen de petites touches espacées pour retarder le plus possible le moment de la gratification : la révélation. En tant que copywriter, vous devez utiliser l'effet Zeigarnik pour mobiliser et remobiliser votre prospect tout au long de votre page de vente. Voici quelques expressions que vous pouvez semer tout au long de votre page de vente pour donner envie à votre prospect de vous suivre :

- « Dans un instant, je vais vous dévoiler... »
- « Mais ce n'est qu'une partie de la technique dont je vais vous parler dans une minute... »
- « Permettez-moi de vous raconter l'histoire de X juste avant de vous révéler la technique... »
- « Donnez-moi juste une minute... »

D'ailleurs, avez-vous repéré les deux phrases que j'ai utilisées dans ce chapitre pour vous donner envie de le lire en entier ?

# 38

# Relecture(s) et réécriture

*« Il y a deux choses que l'expérience doit apprendre : la première, c'est qu'il faut beaucoup corriger ; la seconde, c'est qu'il ne faut pas trop corriger. » Eugène Delacroix*

Jacques Séguéla me confiait en interview faire 12 relectures spécifiques ! La relecture et la réécriture sont pourtant les phases que les copywriters débutants détestent le plus. En cause, la supposée perte de temps liée à la relecture. Quelle perte de temps, alors que vous pourriez déjà voguer vers un nouveau courriel, une nouvelle pub et enchaîner les ventes ! En réalité, la relecture fait partie intégrante du processus d'écriture et vous aidera à améliorer la qualité de vos écrits. Ne la négligez pas, et vous verrez vos ventes augmenter.

## Pourquoi la relecture est-elle un passage obligatoire ?

Attention, séquence émotion : j'ai été élevé par un père qui m'obligeait à faire mes devoirs deux fois tous les soirs. D'abord au brouillon. Puis ce n'est qu'une fois qu'il avait vérifié mon brouillon que je pouvais tout passer au propre, avant de retrouver mes copains sur le terrain de foot. Les conséquences ne sont pas que négatives : certes, j'ai perdu du temps avec ces brouillons, et je ne jouais souvent qu'une mi-temps alors que les copains jouaient tous les soirs le match complet. Mais cela m'a forcé à devenir perfectionniste, clair, et à écrire plus vite (une qualité rentable pour un copywriter !).

Quand j'analyse les pages de vente de mes clients, mon œil est affuté et repère rapidement les problèmes de structure, les arguments trop faibles, les espaces en trop, les fautes d'accent et les phrases à retravailler pour plus d'impact.

## Quand vous relire ?

Selon Stephen King, trois à six mois après, car cela vous permet de redécouvrir votre manuscrit. Le millionnaire écrit des romans, pas des pages de vente ni des e-mails quotidiens. Nous n'avons pas tous l'aisance financière d'un grand romancier et nous sommes souvent en flux tendu : nous n'avons pas trois à six mois à attendre ! Selon mon maître en copywriting, vous devriez faire votre relecture le lendemain. Quand vous avez fini l'écriture, imprimez votre texte, laissez-le sur votre bureau et relisez-le le lendemain. Si vous pouvez laisser encore plus de temps entre l'écriture et la relecture, c'est encore mieux. Cela vous permet de revenir avec un œil frais (et plus critique) sur votre copie.

## Comment bien vous relire ?

J'écris cette phrase avec la voix de Jean-Pierre Coffe en tête : « Votre brouillon, c'est de la merde ! » On attribue généralement cette citation à Hemingway : « *The first draft of anything is shit.* » Vous devez en être conscient : tous les auteurs, tous les copywriters doivent repasser sur leurs textes. Vous relire et corriger vos écrits n'est pas un aveu de faiblesse, n'est pas une perte de temps, ne fera pas de vous un mauvais vendeur, bien au contraire : cela vous aidera à rendre des textes plus percutants et convaincants. Restons avec Hemingway pour un deuxième conseil : « Écrivez bourré, mais éditez sobre. » Si je ne vous conseille pas d'écrire vos textes de vente sous champignons ou sous la dictée du meilleur Château Margaux, je vous recommande en revanche d'être reposé lors de la relecture. C'est un exercice exigeant qui vous demandera toute votre concentration. Et le téléphone éteint, évidemment. Vous devez donc entrer dans votre relecture comme si vous étiez investi d'une mission.

Imprimez votre texte sur du papier recyclé, prenez soin de la planète. Si vous ne l'avez pas déjà fait, investissez dans une imprimante chez vous (je vous conseille de toujours imprimer avant relecture, pour corriger au stylo rouge). Les espaces et les fautes ressortent mieux sur le papier, vous serez plus concentré lors d'une lecture papier que sur ordinateur.

Faites une relecture à voix haute. Pour un mail, pour un article, pour une vidéo de vente ou une page de vente, prenez l'habitude de relire votre texte à voix haute. Si le rythme est trop lourd, ça vous sautera aux oreilles ; certains copywriters ont une écriture plus musicale que d'autres (je vous invite à lire des articles sur le rythme des dialogues d'Aaron Sorkin notamment). Si votre langue bute sur des liaisons compliquées, sur des phrases alambiquées : réécrivez-les, ne faites aucun sentiment !

Le premier conseil à garder en tête, c'est que vous ne devez pas faire une relecture, mais *des* relectures. En vertu de la loi « quand on cherche, on trouve », vous devez faire chaque relecture avec un point focal précis. Lorsque vous écrivez un texte SEO, vous devrez prendre soin de bien relire vos titres et sous-titres, et rechercher les mots-clés et les expressions-clés. En revanche, quand vous écrivez un texte de vente, vous veillerez à ce que vos arguments soient suffisamment nombreux, bien placés dans le texte pour suivre la Super Structure, et compréhensibles. Vous vérifierez que votre CTA soit assez puissant. Vous contrôlerez la présence et la clarté de vos différentes offres.

Pour illustrer vos arguments, vous avez recours à des exemples. Lors de la relecture, il y a une image que j'aime bien utiliser, c'est celle des poignées de porte. Imaginez votre argument comme étant une porte, que vous invitez le lecteur à pousser pour suivre votre démonstration. Sur cette porte, je vous invite à placer trois poignées, trois exemples : un exemple sophistiqué et technique, un exemple historique et un exemple simple à comprendre, de la vie de tous les jours. Vous devez visualiser un enfant (pour la petite poignée), une personne âgée (pour la poignée du milieu) et un adulte (pour la poignée la plus haute). Tous doivent pouvoir saisir votre argument, à leur niveau, avec leurs capacités. Si jamais vous n'avez pas l'espace ou le temps de développer trois exemples, allez toujours au plus simple, au plus universel, au plus compréhensible : réécrivez en ne gardant que les arguments pour « l'enfant ».

Puis vous devrez évaluer la « lisibilité » de votre copie au cours d'une autre relecture. Si vous avez un blog, je vous conseille d'installer le plugin Yoast SEO afin d'évaluer la lisibilité de vos mails, de vos articles et de vos pages de vente. Cet outil donne une très bonne indication de la lisibilité du texte soumis. Parmi les critères retenus par Yoast pour évaluer votre copie, vous trouverez la longueur des paragraphes, les répétitions en début de phrases, l'emploi de la voix passive. Vous devez tout faire pour alléger et simplifier votre copie.

En termes de lisibilité, je vous recommande aussi de traquer les virgules qui rythment votre texte. Vérifiez la place des points, des guillemets, contrôlez les espaces. Toute la ponctuation doit être carrée pour prendre votre lecteur par la main, du titre jusqu'à votre CTA. Une fois que vous aurez vérifié la ponctuation, attaquez-vous aux phrases trop longues : réécrivez ou scindez-les pour fluidifier la lecture. Il y a probablement aussi des répétitions que vous pouvez éviter, dans les termes ou dans les arguments. Simplifiez ! Prenez le temps aussi de vérifier les accents sur vos mots. Dites adieu aux adverbes inutiles, et supprimez les tournures impersonnelles. Le copywriting est un exercice de concision.

Soyez particulièrement vigilant aux mots et tournures qui vous posent problème. Pour ma part, je tiens à jour un document sur Evernote avec toutes les fautes fréquentes que je commets, qui recense tous mes points faibles (balade ou ballade ? ; « J'étais fier des pages de vente que j'avais écrit/écrites ? » ; « des pages de vente, j'en avais écrites plein/écrit plein ? » ; l'erreur d'inattention « il ne fait que vous montrez les outils » au lieu de montrer) ainsi que les erreurs que mes lecteurs relèvent parfois sur mes trois blogs.

Enfin, accordez-vous le luxe d'une dernière relecture pour vérifier les dates, l'orthographe des noms propres et des œuvres, les prix, les pourcentages de réduction affichés, l'orthographe sur les bannières et les images. Si Hemingway a retravaillé 47 fois la fin de *L'Adieu aux armes*, vous pouvez prendre le temps de relire et réécrire deux ou trois fois votre introduction et votre *call-to-action* !

Conseil bonus : deux paires d'yeux valent mieux qu'une ! Je l'ai appris dès 2011 au moment d'aider mes amis de Bonne Gueule pour l'écriture de l'une de leurs premières pages de vente. Elle était bien écrite, mais restait un peu trop technique. Elle manquait d'arguments susceptibles de convaincre monsieur tout-le-monde (à savoir, moi face à la mode masculine à l'époque). Donc avant de tout miser sur une page de vente et d'investir un gros budget publicitaire dessus, je vous recommande de faire lire votre mail ou votre page de vente à un ami, un membre de votre famille ou un confrère copywriter. Donnez-leur trois consignes précises :

- Est-ce que c'est clair et compréhensible ?
- Est-ce que ça donne envie ?
- Est-ce que tu repères des fautes dans le texte ?

Outre le « déminage » (le fait de repérer les fautes), la personne qui vous aidera pour la relecture aura probablement d'autres idées à vous souffler : ne négligez aucune piste, surtout si votre relecteur fait partie de votre cible potentielle.

## RÉSUMÉ

Pourquoi : parce que même les plus grands avouent que la relecture et la réécriture sont nécessaires.

Où : sur du papier.

Quand : le lendemain ou encore plus tard si vous le pouvez, mais pas le jour-même car votre cerveau voit flou.

Comment : stylo rouge pour commencer, puis à voix haute en traquant à chaque fois un élément précis.

# 39

# Page de vente ou vidéo de vente ?

Page de vente ou vidéo de vente, c'est le débat le plus intéressant du copywriting (même si l'autre débat, « page courte ou page longue », vaut aussi que vous vous y penchiez, et j'y réponds dans le chapitre suivant). Nous vivons désormais dans une ère du tout vidéo. La presse écrite est en recul, et pourtant, un prospect intéressé trouvera toujours le temps de lire votre page de vente. Voici comment choisir entre page de vente et vidéo de vente.

## La page de vente : avantages – inconvénients

- Rapide pour vous

Écrire une page de vente ne vous demande que peu d'investissement matériel : un ordinateur, et c'est parti. Mettre en page, c'est plutôt simple, sur WordPress, systeme.io ou ClickFunnels. Accéder à des photos libres de droit pour illustrer votre page de vente, c'est facile aussi, et gratuit. Entre le moment de la rédaction et le moment de la mise en ligne, vous pouvez tout régler en deux ou trois jours.

- Pratique et habituel pour votre lecteur

Une page de vente offre aussi un certain confort au lecteur car c'est lui qui choisit de scanner la page rapidement, à la recherche des gros titres, ou de lire absolument tout : le lecteur a le contrôle de la barre de défilement, peut vite scroller et voir le prix, puis revenir en arrière s'il le veut. Votre prospect a l'habitude des pages de vente : des catalogues de notre enfance aux publicités par courrier, il est depuis le début des années 2000 habitué à acheter en ligne et à voir des pages produits et des pages de vente.

- L'inconvénient principal de la page de vente

Le lecteur d'aujourd'hui se fatigue encore plus vite que celui d'hier. Le moindre effort devient surhumain et le plus simple pour le lecteur est de fermer la page et de passer à autre chose. La lecture n'est pas aussi addictive que la vidéo : j'en veux pour preuve le nombre d'écrans de publicité qui se déploient dans les couloirs du métro parisien. La vidéo, ça bouge, ça attire bien plus l'œil.

## La vidéo de vente : avantages – inconvénients

- Le principal avantage de la vidéo de vente : elle est hypnotique.

Dans sa vie, votre prospect regarde Netflix pendant des heures, regarde des vidéos sur Facebook, Instagram, Snapchat, YouTube et, parfois, même la télévision. Nous adorons la vidéo car la vue est l'un des premiers sens que nous développons : quand ça bouge, nous restons alertes car ça pourrait annoncer un danger. Nous sommes biologiquement programmés pour réagir au mouvement, personne ne peut aller contre cet instinct, contre ce spectacle hypnotique des images qui bougent vite. Voilà pourquoi les vidéos de vente sont un moyen très efficace de capter l'attention de vos prospects et de les convertir en clients. Votre spectateur fait moins d'efforts qu'un lecteur, il est plus captif…

- Mais votre spectateur est plus passif qu'un lecteur !

C'est l'inconvénient de la vidéo de vente : une fois la vidéo lancée, votre spectateur se laisse guider jusqu'au CTA. Malheureusement, la vidéo le rend aussi bien plus passif, alors qu'il était acteur de la page de vente, déjà au cœur d'une démarche active qui l'impliquait physiquement dans le processus d'achat. Face à la vidéo, trouvera-t-il la force de cliquer sur le bouton « commander » ? Le bouton de commande ou d'abonnement est rarement sur la vidéo : votre spectateur devra cliquer ailleurs, alors qu'il regardait peut-être votre vidéo en plein écran sur son smartphone. Voilà pourquoi votre CTA devra être encore plus clair en vidéo que sur une page de vente.

- Un coût de production plus élevé

Entre l'écriture, la conception de la vidéo, le tournage, la réalisation, le montage, la mise en ligne et le sous-titrage, une vidéo de vente prend bien plus de temps. Vous devez penser « double » pour une vidéo de vente : texte, image, voix et vidéo, là où une page de vente ne demandait que texte et image.

Attention aux temps de chargement et à la qualité de la connexion : tout le monde ne reçoit pas encore la 4G parfaitement, votre vidéo de vente peut s'avérer trop lourde et afficher un temps de chargement trop long. Une vidéo qui ne charge pas, c'est un prospect frustré qui ferme la page et ne reviendra jamais, alors que le problème se pose moins souvent avec une page de vente. Mon conseil : proposez toujours une alternative textuelle sous la vidéo pour essayer de garder votre prospect (essayez la phrase suivante : « Je préfère lire le texte de présentation de [l'offre] »).

Du lundi au vendredi : la nature humaine vous indique que les gens ne veulent pas forcément regarder une vidéo de vente… car ils sont sur leur lieu de travail ou en cours ! Si vous observez les audiences de votre site, vous vous rendrez compte que vous recevez plus de visites sur votre site et vos pages de vente la semaine, alors que vos prospects sont en cours ou au travail. Pour cette catégorie (fort nombreuse) de visiteurs, pensez à proposer une alternative texte à votre vidéo, qui permettra au prospect de ne pas se faire prendre la main dans le sac ! Une page de vente, c'est plus discret, on a l'air concentré quand on lit et on n'a pas besoin d'écouteurs !

Dernier inconvénient mineur : si le spectateur devient plus passif en regardant votre vidéo de vente, vous risquez d'avoir du mal à le faire agir en fin de vidéo.

La seule solution valable pour départager page de vente ou vidéo de vente ? En fin de compte, la vidéo ou le texte reviennent au même. L'objectif est identique : capter l'attention de votre prospect, lui parler de ses douleurs, répondre à ses objections, le mettre en confiance et le pousser à l'action. Votre seule solution : le test, encore et toujours ! Comme l'écrivait John Caples dans *Tested advertising methods* : « Il est difficile d'apprendre les règles [de la publicité]. Parfois, on dirait même qu'il n'y a pas de règle. Mais vous devez retenir cette règle d'or : testez tout. Doutez de tout. Intéressez-vous à la théorie, mais ne dépensez pas de grandes sommes d'argent dans une théorie sans avoir dépensé un peu d'argent en amont pour la tester. »

# 40

# Page de vente longue ou courte ?

*« Patience et longueur de temps font plus que force ni que rage. » Jean de La Fontaine*

On me pose souvent la question suivante : devez-vous écrire une page de vente courte ou une page de vente longue ? Vous allez tomber sur des copywriters dogmatiques ; deux écoles s'affrontent. D'un côté, le camp des fanatiques de la concision. Leurs arguments sont recevables : l'attention des lecteurs n'est pas illimitée, il faut privilégier les mots courts, et le meilleur moyen d'embarquer un prospect du début à la fin est de rapprocher la fin du début, en raccourcissant le texte entre les deux. Dans l'autre camp, vous trouverez le camp des copywriters qui aiment la complétude, qui n'ont de cesse de noircir leur copie pour la rendre plus claire. Leur devise : « *The more you tell, the more you sell* » de David Ogilvy. Je vous recommande une troisième attitude, celle de la voie scientifique dont je vais vous parler dans un instant.

## Courte ou longue : quel est l'objectif d'une page de vente ?

N'ayez pas peur de la taille de votre page de vente. Quand vous écrivez, la seule question à garder en tête est : « À quoi sert ma page de vente ? » Les trois objectifs principaux sont les suivants :

- donner de l'information sur le produit ;
- rassurer le prospect et répondre à ses objections ;
- donner envie, susciter le désir, le faire cliquer.

Si vous réussissez à atteindre ces trois objectifs en utilisant peu de mots, c'est tant mieux. Mais si vous avez besoin de plus de mots, soit. Ne faites pas un blocage sur la longueur de votre page de vente ou la durée de votre vidéo de vente. Voici deux éléments de réflexion pour vous aider à y voir plus clair.

## La longueur de votre page de vente dépend de votre offre

Si vous vendez des produits très techniques, des offres très chères, votre prospect aura besoin d'être rassuré davantage, et votre copie devra être plus longue pour répondre à toutes les objections possibles. Acheter un kit de blanchiment dentaire à 30 € ou investir dans un coaching de prise de parole en public à 2 000 € n'a pas le même impact sur les finances de votre prospect. Si vous vendez une offre chère, vous pourrez allonger les blocs suivants dans votre Super Structure :

- détailler votre crédibilité pour renforcer votre expertise ;
- multiplier les bénéfices de votre offre (rajouter des *bullets*) ;
- ajouter des témoignages clients ;
- traiter absolument toutes les objections ;
- ajouter des bonus pour renforcer la valeur perçue de votre offre.

## La longueur de votre page de vente dépend aussi de votre lecteur

Cette réflexion vous renvoie à la connaissance de votre client et à la définition de l'avatar (voir chapitre 7). Qui est votre client, pour qui écrivez-vous ? Si vous écrivez pour des secteurs comme la banque, l'assurance, l'immobilier, vous aurez en face de vous des lecteurs méfiants, analytiques, curieux qui liront absolument toutes les lignes de votre page de vente. Si vous écrivez pour un festival de musique, votre lecteur sera probablement plus détendu et réceptif à des arguments plus courts, liés à la détente. La réalité est qu'on ne connaît jamais totalement nos clients, et qu'il n'y a pas qu'un genre de client. Et c'est pour cela que vous devez écrire pour les deux types de lecteurs : à la fois pour le prospect méfiant qui va tout éplucher et pour le lecteur confiant et enthousiaste qui scannera juste la page à la recherche des phrases et des informations qui iront dans son sens.

## Alors, long ou court ? La réponse scientifique et la réponse du terrain

Neil Strauss, coach et marketeur génial, partageait récemment dans une newsletter l'expérience qu'il a réalisée avec son ex-femme et leur fils, Tenn, âgé de 5 ans. Ils ont ouvert un e-shop dans lequel ils vendaient chacun un objet de leur choix : un tee-shirt pour la mère, un masque pour le père, et le fils voulait vendre un mug pour tremper les cookies. Contre toute attente, malgré le design du mug qui ne plaisait pas aux parents, malgré leur expérience en tant que vendeurs et copywriters, c'est le mug qui s'est le mieux vendu. La leçon de cette expérience : on ne sait jamais ce qui va se vendre, on ne sait jamais si un produit va rencontrer son public et la seule solution est de TTFOOE (*test the fuck out of everything*, soit en bon français, « tester absolument tout ».)

C'est la réponse la plus pragmatique. Si vous ne savez pas quelle longueur vous offrira la conversion optimale, testez deux pages, testez deux vidéos. Ça doit faire partie de votre process pour vendre plus : ne vous contentez jamais d'une seule version et d'une intuition, même si la page a l'air de bien convertir. Vous pouvez toujours améliorer une page de vente en modifiant certains éléments, dont la longueur. J'ai un jour testé une vidéo de vente de 42 minutes contre la même, plus condensée, en 15 minutes. Contre toute attente, celle de 42 minutes convertit plus. Certes, moins de personnes arrivent au bout de la vidéo de 42 minutes, mais celles qui vont jusqu'au CTA sont convaincues et achètent. Sur la vidéo de 15 minutes, l'information était là, mais le désir n'avait probablement pas eu le temps de monter suffisamment…

Votre solution : tester, encore et encore !

# 41

# Pour ou contre les émojis dans le copywriting ?

*« C'est un système complexe, une écriture tout à la fois figurative, symbolique et phonétique, dans un même texte, une même phrase, je dirais presque dans un même mot. »*
*Champollion*

Si le copywriting est la science de vendre avec les mots, nous aurions tort de ne pas utiliser tous les outils à notre disposition pour obtenir l'attention de notre lecteur. Frédéric Beigbeder, ancien publicitaire, l'a bien compris et a attiré l'attention sur son dernier roman en ne faisant figurer sur la couverture qu'un émoji, jaune sur fond blanc. « L'homme qui pleure de rire » est l'émoji le plus populaire au monde. D'après une étude Adobe, 92 % de la population connectée utilise des émojis.

## Pourquoi les émojis sont bons pour votre communication

- Vous attirez l'œil du lecteur

Dans un tweet, sur les réseaux sociaux ou dans l'objet d'un mail, votre émoji en début de phrase vous aide à sortir du lot. Il permet à votre message d'être plus visible que les 50 autres mails qui s'entassent dans la boîte mail de votre lecteur.

- Vous faites passer l'émotion plus vite

Votre promesse, votre programme est compris plus rapidement grâce à ces descendants des hiéroglyphes. Chloé Léonardon, doctorante linguiste à l'université Paris-Nanterre, déclarait au *Monde* : « Dans l'échange sur Internet, on a l'impression d'être dans un face-à-face, et on se comporte comme si on était à l'oral, avec des moyens nouveaux de faire passer les émotions et les sentiments. »

## Mise en garde contre l'utilisation des émojis ⚠

- Vous perdez un caractère

Or, l'espace est précieux pour le copywriter. Vous avez moins de 70 caractères espaces compris pour un titre de mail, et encore moins à l'affichage sur les smartphones, pour provoquer le clic chez votre lecteur.

- C'est puéril

Autre argument du camp anti-émojis : cela décrédibiliserait votre communication. Si vous évoluez dans un domaine très sérieux (banque, assurance, pompes funèbres, avocat, médecin, architecte, journalisme « sérieux »), l'utilisation d'émojis risque de nuire à la crédibilité de votre message.

- Les émojis ne sont pas précis

Or, votre mission en tant que copywriter est d'être clair. Votre lecteur pourrait mal interpréter un émoji qui pleure ou qui arbore un sourire bizarre. Par exemple, 🙏 le *high five*, signe de victoire, est parfois interprété comme un signe de prière. L'émoji 👌 signifie 9 en langage des signes américain, « OK » en plongée, et « 0, mauvais, nul » en français. Un émoji peut prêter à confusion alors qu'un mot ne possède qu'une définition, acceptée par tous vos lecteurs.

## Comment bien utiliser les émojis dans votre copywriting ?

- 🎯 Adaptez vos émojis à votre domaine

Des yeux pour regarder une vidéo ; un point rouge pour signifier l'alerte, l'urgence ; un gâteau pour une boulangerie. N'utilisez pas des émojis animaux sous prétexte que c'est mignon.

- N'accumulez pas les émojis

Si vous choisissez d'utiliser un émoji dans l'objet de votre mail ou dans un tweet, n'en choisissez qu'un. L'accumulation d'émojis peut brouiller votre message. Ici, Interflora utilise deux émojis (une rose et un bouquet) qui sont similaires et n'empêchent pas la compréhension du message.

- ✍️ Adaptez vos émojis à la personnalité de votre marque

Personne ne serait choqué de voir des émojis dans la communication de marques comme Oasis, Innocent, Monoprix, Michel et Augustin… Pour Les Mots Magiques, j'utilise beaucoup les symboles de l'écriture ✏️ ✍️ 📘 📕 ainsi que les émojis liés à l'activité et au chiffre d'affaires 📈 💹 💸 💰.

## Sept exemples de bonne utilisation des émojis dans des titres

- « 📈 Les 25 meilleures stratégies pour rentabiliser votre site Web cet automne » (Leadfox)
- « [JimE] 😠 *10 Things You Should Do When People Argue With You On Social Media* » (Jim Edwards)
- « 3 chemises 99 € 🔥 C'est l'été Indien chez Café Coton… » (Café Coton)
- « 💳 Échelonnez vos paiements sans frais » (Air France)
- « 🎁 Jeu concours inédit ! » (TrainMe)
- « Ends Tomorrow 💥 Screenwriter $100 💥 Dramatica $90 » (Write Brothers)
- « 🔴 La conférence en direct commence bientôt… » (systeme.io)

# 42

# Comment réussir votre test A/B ?

*« Je sais que je ne sais rien. » Socrate*

Vous voulez améliorer le taux de conversion de votre tunnel de vente ? Vous allez devoir tester votre formulaire de vente, votre page de vente, les publicités, ainsi que les objets des mails qui mènent à votre page de vente, pour améliorer la conversion tout au long du tunnel. Nous n'avons qu'une certitude : celle de ne pas en avoir, et d'accepter de tester pendant des jours, des semaines, voire des mois pour trouver le champion, l'entonnoir qui bat tous les autres… et que nous soumettrons tout de même à de nouveaux tests, pour pousser la conversion toujours plus haut.

## La philosophie du test A/B

Le *split test* est un art de vivre pour comprendre ce qui fait cliquer le lecteur, ou ce qui le fait fuir. Une fois que vous aurez pris goût aux tests A/B, vous ne vous arrêterez plus. Vous devez toujours tester un titre d'article, ou un titre de page de vente, le visuel d'une publicité, la couleur d'un bouton de paiement, le moment d'apparition d'un bouton de paiement dans une vidéo de vente… Vous l'aurez compris : tout se teste dans le copywriting. La méthode est simple et des logiciels s'en chargent pour vous : vous envoyez 100 visiteurs sur une page A (la page de contrôle), et 100 visiteurs sur une page A1 (c'est une copie de A, avec un seul élément modifié). Vous analysez ensuite le résultat du test : vous gardez la page gagnante, celle qui a généré le plus de clics ou de ventes, et éliminez la perdante. La version gagnante devient donc la nouvelle version « contrôle ». Vous pouvez passer au test suivant. D'autres méthodes plus complexes, les tests multi-variables, impliquent de toujours garder la version de contrôle A plus longtemps, et de tester par exemple A contre A1 sur le titre, A contre A2 sur l'image, A contre A3 sur les boutons, A contre A4 sur le prix, puis de tester A5 avec toutes les modifications contre A avant de faire des choix et d'avoir une nouvelle version de contrôle.

## Cinq *split tests* à envisager

Le test A/B le plus connu, le plus facile à mettre en place, c'est celui du titre. Pour nous entrepreneurs, mais aussi chez les journalistes, une grande partie du succès se joue au niveau du titre. Dans certaines rédactions, des *home page managers* ou *front page managers* ont la charge de tester les titres à longueur de journée pour obtenir le plus de clics possibles, et d'afficher les articles qui obtiennent le plus de clics. Outre le titre, vous pouvez aussi A/B tester ces cinq autres variables :

- La longueur de votre page de vente : instinctivement, on a tous envie d'aider le prospect à aller le plus vite possible du titre au

CTA. Et pourtant, parfois, 20 écrans de page de vente vendent mieux que 8 (voir chapitre 40).

- Le ton : détendu ou strict ? Vous ou tu ? Testez le ton de vos pages de vente et vous verrez le taux de conversion varier.
- Le prix : vous ne pouvez pas légalement proposer deux prix différents à des clients différents sans les avertir auparavant. En revanche, vous pouvez tester la manière dont vos prix sont affichés. De simples changements dans la manière de présenter vos prix peuvent avoir un réel impact sur le prix moyen de votre panier (voir au chapitre 21 la présentation or/argent/bronze *versus* la proposition bronze/argent/or qui change le prix d'ancrage psychologique).
- Les couleurs de votre page : même Google a testé les couleurs de sa page d'accueil. Si Google le fait, vous avez le droit de tester votre fond ou les couleurs de vos boutons.
- Vos formulaires : un formulaire d'inscription ou de paiement où vous ne demandez au prospect que son mail convertit-il plus qu'un formulaire où vous demandez prénom / nom / mail / ville / âge ? Vous le saurez en testant votre formulaire !

## Quels outils pour faire un *split test* ?

Il existe sur le marché plus de 20 solutions payantes très complètes (Convertize, AB Tasty, Kameleoon, Convert, Optimizely, etc.), et l'offre gratuite de Google, Google Optimize, connectable à Google Analytics. Des logiciels comme Clickfunnels, systeme.io et Learnybox permettent aussi de faire des tests A/B. De la même manière, si vous envoyez des newsletters *via* Mailjet, Mailchimp ou Aweber, vous aurez la possibilité de tester les objets de vos mails, les images, le texte, etc. Pour réussir votre *split test*, il vous faudra aussi attendre d'avoir suffisamment de données et apprendre à trouver la bonne taille d'échantillon. 10 visiteurs en une journée, ce n'est peut-être pas assez pour en tirer des conclusions, mais attendre un million de visiteurs, pas nécessaire.

# 43

# Connaissez-vous la page de vente horizontale ?

*« La répétition fait la réputation. » Marcel Bleustein Blanchet*

L'idée du lancement organisé (LO) et de la page de vente horizontale est attribuée à Jeff Walker, génie du marketing américain, auteur du best-seller *Launch*. Et si au lieu de demander à votre lecteur de lire l'intégralité de votre page de vente en une fois, tous les blocs de texte d'un coup, vous lui faisiez parvenir bloc par bloc, tous les jours, par mail ? Ce concept d'e-mailing s'appelle aussi le lancement orchestré ou le superlancement. Sur vos réseaux sociaux ou par mail, tous les jours avant le lancement d'une nouvelle offre, vous allez dévoiler un nouveau bloc de texte de votre Super Structure, pour faire monter l'excitation, pour créer l'attente chez vos prospects. Par exemple, jour 1 vous annoncez une grosse nouveauté, le lendemain vous rappelez votre autorité, jour 3 vous annoncez la rareté. Objectif : faire exploser votre CA dès l'ouverture des ventes… pour pouvoir ensuite utiliser cette preuve de succès pour convertir les prospects qui doutaient encore.

## Les trois avantages de cette « page de vente horizontale »

- Un bloc de texte a plus de chance d'être lu que 12 ou 15

Votre prospect reçoit peut-être votre mail à un moment où il n'a pas le temps de lire la page de vente en entier. S'il ne se sent pas assez impliqué, il ne lira pas les 12 ou 15 blocs de votre Super Structure et vous perdrez une vente. Mais si vous lui donnez suffisamment envie avec un bloc de texte ou deux, il y a plus de chance qu'il ouvre le mail final et achète directement, au plus tard le dimanche, jour de la fermeture de votre vente.

- Trois ou quatre mails valent mieux qu'un et vous permettent de vous répéter

Structurer une séquence de mails de vente peut ressembler à une émission de radio : on sait que les auditeurs restent présents 15 minutes en moyenne. Cela permet de répéter le même flash info sans que personne ne soit lésé. Vos prospects sont inscrits à votre newsletter ainsi qu'à des dizaines d'autres coachs et marques qu'ils trouvent très intéressants, mais ils ont rarement le temps de lire tous leurs mails la semaine. Or, si votre contenu est bien écrit et structuré, vos prospects peuvent rater certaines informations dans la newsletter de mardi ou mercredi, mais tout comprendre le jeudi et avoir envie d'être là le dimanche pour l'ouverture des ventes.

- La « page de vente horizontale » permet de convaincre le prospect et de le convertir en fan

Si vous réussissez à susciter l'intérêt du lecteur dès les premiers mails, il y a plus de chances qu'il vous suive sur toute la séquence et achète à la fin. La règle des communautés sur Internet veut que 90 % de vos lecteurs soient passifs, 9 % légèrement actifs, et que le dernier pourcent soit constitué de super utilisateurs, de super fans qui vont lire tous vos mails, regarder toutes vos vidéos. Une bonne structure de lancement avec la page de vente horizontale a plus de chance de faire basculer les « légèrement actifs » en super fans, à condition qu'ils perçoivent bien l'utilité de votre offre dans leur vie.

## Qu'est-ce qu'une bonne page de vente horizontale pour lancer votre offre ?

Le sujet est tellement intéressant qu'il faudrait un livre entier pour en parler correctement. Sachez qu'un bon lancement se structure en trois phases : avant – pendant – après.

- Avant

Phase de teasing pendant laquelle vous attirez l'attention des prospects en créant un énorme buzz. Pendant cette phase, vous créez l'envie, vous lancez le compte à rebours, et surtout, vous partagez des contenus à forte valeur pour susciter l'intérêt de vos prospects. Vous les mettez en confiance grâce à ces bons contenus.

- Pendant

Vous ouvrez les portes, vous présentez votre offre irrésistible, limitée bien entendu. Vous rappelez que les portes sont ouvertes et l'offre disponible encore pendant trois jours, puis 6 heures, et enfin 2 heures. C'est le moment où vous devez mobiliser tous vos réseaux et tous vos affiliés pour faire le plus de ventes possible. Dans le milieu du coaching, on lance souvent une offre irrésistible avec l'aide de quelques affiliés, à la fois concurrents et collègues car lors d'un lancement, ils touchent de grosses commissions sur les ventes.

- Après

Vous augmentez le prix comme promis, vous supprimez les bonus comme promis, voire vous refermez complètement les portes de l'offre. Vous partagez des témoignages de clients satisfaits, vous remerciez ceux qui ont acheté, et vous mettez en place une liste d'attente pour la prochaine réouverture de l'offre, dans six mois ou un an. Vous proposez des sondages à vos clients pour savoir ce qu'ils pensent réellement de votre offre et ce que vous pouvez y ajouter pour la perfectionner. Cela fonctionne très bien pour des offres de coaching en ligne, mais si vous ouvrez un club de sport ou un salon de coiffure, vous n'allez pas vraiment fermer les portes, ça n'aurait pas de sens.

## La page de vente horizontale, c'est bien... mais attention au spam !

Avez-vous déjà été « victime » vous aussi d'un lancement orchestré qui exagérait sur le nombre de mails envoyés en une journée ?

Mail 1 (7h) : « Notre dernière vidéo vient d'être mise en ligne. Découvrez comment vous allez pouvoir gagner jusqu'à 2 986 € en moins d'une semaine. »

Mail 2 (10 h 45) : « [Prénom], il semblerait que vous n'ayez pas ouvert mon premier mail… »

Mail 3 (14 h 45) : « Re : Sauf erreur de ma part, vous n'avez pas visionné la vidéo… »

Mail 4 (18 h 45) : « [Prénom] Dernière chance de voir votre vidéo personnalisée… »

Mail 5 (20 h 45) : « ⚠ Retrait de votre droit de 2 986 € ce soir à minuit… »

Quand votre prospect s'abonne à votre newsletter, il s'attend souvent à un mail par semaine, sauf si vous lui avez expliqué dès le début que vous alliez envoyer un mail par jour. Or, quand vous passez en phase de lancement, vous allez souvent vous sentir obligé de *spammer* vos abonnés. C'est le plus gros reproche que l'on peut faire à cette technique de vente très *pushy*. Malheureusement, tous les e-mailers qui ont augmenté leur fréquence d'envoi ont dopé leur chiffre d'affaires : la pratique du mail quotidien n'est donc pas près de disparaître. Dans son ouvrage, Jeff Walker recommande toute une séquence très bien ficelée pour un lancement organisé, qui termine par deux mails le jour du lancement, car nous sous-estimons le nombre de prospects qui attendent la dernière minute pour acheter.

• Énoncez clairement votre CTA si vous voulez vendre !

« Si cela va sans dire, cela ira encore mieux en le disant. » Cette citation de Talleyrand, le « diable boîteux », devrait être votre règle d'or au moment de mener votre prospect jusqu'au CTA. Ne pensez pas que votre prospect va remarquer le bouton pour commander sous la vidéo. Ne lui dites pas non plus : « Si vous voulez commander, vous trouverez le bouton sous la vidéo. » Vous devez être plus directif et assumer le fait de vouloir vendre. Je sais que ce passage pose souvent des problèmes, que vous avez souvent du mal à demander de l'argent à votre futur client. Cependant, vous devez clairement dire au prospect ce que vous attendez de lui : « Je veux que vous cliquiez sur le bouton ci-dessous ! » « Si vous êtes vraiment motivé pour atteindre votre objectif, cliquez sur le bouton jaune ci-dessous sans plus attendre ! »

• Investissez en vous si vous avez un physique de radio !

De nombreux timides comme moi ont commencé à écrire parce que l'écrit procure un anonymat qui rassure. Écrire des mails, tenir un blog, rédiger des pages de vente de manière anonyme, c'est un job de rêve pour tous ceux qui se trouvent trop gros, trop maigres, trop jaunes, verts, rouges, qui ont une vilaine peau, qui perdent leurs cheveux, qui ont une mauvaise diction, pour ceux qui ont un problème avec leur image en général. Or, pour le tournage d'une vidéo de vente, vous allez devoir vous « mettre à nu », parler dans le micro et montrer votre tête. Investissez de la tête aux pieds pour un *personal branding* mémorable : coiffeur, dermatologue, dentiste, quelques vêtements toujours dans le même style (comme Thierry Ardisson en noir, Christophe Barbier avec son écharpe rouge et BHL sa chemise blanche). L'objectif : avoir l'air normal et sympa, donner envie. Aussi, faites attention à l'amateurisme : si le cadre de votre vidéo sent la cave de vos parents ou votre chambre de bonne trop exiguë, vous aurez du mal à être crédible, car seul l'argent attire l'argent. À partir du moment où vous décidez de montrer votre tête dans une vidéo de vente, vous faites un métier d'image, de séduction : investissez dans un suivi sportif avec un coach ou imposez-vous une discipline sportive. Le fond compte, mais la forme doit donner envie. Enfin, apprenez les bases de la prise de parole en public : faites appel à un coach vocal qui vous aidera à trouver votre voix ou à un expert du *media training* qui vous aidera à mieux gérer votre langage corporel et à éliminer vos tics verbaux.

- Soignez le son de votre vidéo !

Les mots que vous utilisez sont importants, mais la qualité de l'audio l'est tout autant. Êtes-vous déjà tombé sur des vidéos avec un son horrible ? Si oui, vous êtes probablement reparti immédiatement. Investissez dans un bon micro pour enregistrer la voix sur vos vidéos de vente, au risque de voir vos prospects faire demi-tour et ne plus jamais revenir. Ça peut nuire à toute l'expérience client que vous essayez de développer. Si vous avez les moyens, travaillez avec des réalisateurs professionnels, que vous pourrez recruter sur des plateformes de freelance. J'ai pour ma part utilisé pendant des années le (très mauvais) son de mon téléphone. Depuis que j'utilise un vrai micro, je vois une nette amélioration de l'engagement sur mes vidéos.

- N'oubliez pas les sous-titres !

Vous avez probablement remarqué que depuis quelques années, les grands médias récents (Konbini, Brut…) proposent tous des vidéos avec sous-titres. Ces éditeurs qui font fortune grâce au *snack content* savent que les spectateurs n'ont pas toujours leurs écouteurs sur eux, et certaines études avancent par exemple que 85 % des vidéos regardées sur Facebook en 2016 étaient regardées sans le son[1]. Aussi, pour vos vidéos de vente face caméra, n'oubliez pas les sous-titres ! Bien entendu, n'ajoutez pas de sous-titres sur des écrans qui affichent du texte.

1. Source : Littlethings.com, mic.com et popsugar.com qui annoncent entre 50 et 80 % sans son.

## Comment structurer la page qui héberge une vidéo de vente ?

Tout en haut, placez toujours le titre, en gros, qui doit mettre l'eau à la bouche et attirer l'attention.

Juste en dessous, hébergez votre vidéo. C'est encore mieux si elle se lance automatiquement, ça réduit les efforts à fournir pour votre spectateur.

Sous la vidéo, le spectateur doit trouver le bouton d'achat pour commander votre produit.

Les prospects les plus convaincus par la vidéo commanderont immédiatement : on voit souvent ça sur des achats impulsifs, notamment pour des produits « gagnez vite de l'argent » ou « perdez vite du poids ». La suite de la page ne sert qu'à rassurer ceux qui en ont besoin, et à répéter certaines informations déjà présentes dans votre vidéo de vente.

Rappelez les bénéfices de votre offre sous forme de liste à puces.

Rappelez la garantie satisfait ou remboursé.

Proposez un résumé des caractéristiques du produit (ce que le client va recevoir).

Implantez un second bouton d'achat pour les spectateurs qui auraient arrêté la vidéo en cours de route puis lu vos quelques lignes de texte sous le premier bouton d'achat.

Insérez une dernière phrase pour inciter vos prospects à passer commande, remerciez-les d'avoir lu cette page, et vous pouvez aussi ajouter un P.S. car la dernière info est toujours lue.

C'est le modèle que j'utilise souvent pour mes clients, pour des infoproduits à moins de 100 €.

Je vous recommande cette courte structure parce qu'elle est digeste, rapide à lire, et parce qu'elle vend bien.

# 45

# Comment progresser en copywriting ?

*« Celui qui ne progresse pas chaque jour, recule chaque jour. » Confucius*

Que vous fassiez vous-même votre copywriting ou que vous écriviez pour des clients, vous pouvez toujours améliorer l'effet de vos phrases et devenir plus convaincant. Voici 10 habitudes à mettre en place au quotidien ou de manière hebdomadaire pour améliorer votre copywriting.

## Ne passez pas votre vie à écrire !

Le premier conseil va à l'encontre de la théorie de l'expertise de Malcolm Gladwell, « les 10 000 heures ». Selon lui, la différence entre les amateurs et les experts se joue dans le nombre d'heures consacrées à la pratique d'un sport, d'un instrument de musique, d'un art. Jeff Goodby, le créateur de la célèbre campagne « Got Milk ? », partage une approche différente dans sa masterclass. Lors de ses débuts dans la publicité, il a eu la chance de rencontrer David Ogilvy. Ogilvy lui demande combien d'heures par jour il écrit. Le jeune publicitaire qu'est Goodby, ancien journaliste de surcroît, lui répond : « Une dizaine d'heures par jour ! », pour impressionner le pape de la pub. Ogilvy lui répond : « Mais c'est beaucoup trop ! Faites autre chose, aérez-vous l'esprit, allez au musée, promenez-vous, mais n'écrivez que deux à trois heures par jour ! » C'est un véritable conseil en productivité, et en créativité : travailler moins pour gagner plus, c'est possible si vous êtes en pleine forme, détendu et concentré ! Le copywriting, c'est l'art de capturer et de vendre la vie, alors vivez !

## Lisez sur le sujet, lisez les grands copywriters et les grands sociologues !

Vous trouverez à la fin du livre la liste de tous les ouvrages que j'ai lus sur le copywriting et que je vous recommande. Les grands copywriters ont l'art de savoir raconter des histoires, de trouver les bons exemples : ils ne sont pas secs, ils savent illustrer leurs arguments. Dans chacun des livres de cette liste, vous trouverez de nouvelles manières de voir la science du copywriting. Pour devenir copywriter, il vous suffit de lire cinq livres (Ogilvy, Caples, Cialdini, Kennedy, Halbert), et trois articles sur le Web, et vous aurez compris 80 % du job. L'essentiel. Le reste viendra avec la pratique. Chaque livre supplémentaire vous rapproche de l'asymptote de la perfection, chaque article lu vous aidera à affûter votre plume. Le copywriting, c'est aussi un état d'esprit, une flamme à raviver en permanence avant d'écrire. Je vous recommande de relire chaque année Carnegie, *Comment se faire des amis*. Et chaque semaine, vous devriez consacrer trois ou quatre heures à la lecture d'un livre sur le copywriting, et une heure à des articles sur le sujet. Mes sources préférées : Copyhackers, copyblogger, problogger aux États-Unis ; Creapills, CB News, Strategies, L'ADN, J'ai un pote dans la com, la Réclame, LLLITL, Dans ta pub, Il était une pub, Nicolas Bordas en France.

Adoptez cette hygiène de lecture et prenez le temps de faire une veille hebdomadaire sur les publicités grand public qui sortent pour rester actuel.

## Lisez complètement autre chose et soyez curieux !

Troisième et dernier conseil « passif », avant d'écrire. Le travail d'un copywriter, c'est de toucher le cœur et le cerveau des prospects en parlant le même langage qu'eux. Lire autre chose que des experts en copywriting vous permettra certes d'améliorer votre maniement de la langue, mais aussi de vous rapprocher de votre cible. Quels sont les best-sellers du moment ? Quels essais politiques, quels romans policiers, quel régime miracle sont en tête des ventes ? Faites le grand écart entre Molière et James Patterson. Passez de *Voici* au *Figaro* et de *Times* à *Picsou Magazine* dans la même journée. Les bonnes idées sont partout : mon ancien rédacteur en chef chez *Technikart*, Laurence Rémila, revenait toujours du kiosque à journaux avec sept ou huit magazines sous le bras pour y trouver les bonnes idées et s'imprégner du *Zeitgeist* (l'air du temps, en allemand). Comme l'écrit Samir (*Saccharoses*, JC Lattès) « pour écrire, il faut lire ».

## Traduisez des pages de vente ou des vidéos de vente anglaises et américaines !

Tout processus d'apprentissage commence par une phase de copie. À la Renaissance, les apprentis travaillaient avec le maître et copiaient son style avant de l'assister sur des tableaux de grande envergure, voire de le remplacer pour certaines commandes. Si vous voulez vous améliorer et si vous parlez anglais, trouvez des pages de vente de votre secteur et traduisez-les. C'est un bon exercice de gymnastique intellectuelle qui vous aidera à « faire rentrer » le métier. Faites-en une par semaine pendant un mois, ça devrait bien vous occuper et renforcer vos automatismes.

## Utilisez votre main !

Écrire à la main : c'est douloureux, c'est un conseil du siècle dernier, et pourtant l'une des formations de copywriting les plus vendues au monde, « Copy Hour » ne repose que sur ça : la copie manuscrite de grandes campagnes, de pages de vente qui ont fonctionné et marqué l'époque. Le principe derrière l'écriture manuscrite ? On retient mieux ce qu'on écrit à la main, on est plus concentré dessus et les connexions neuronales entre la main et le cerveau se font plus qu'avec le clavier. Si vous ne voulez pas investir 2 000 $ dans la formation de Copy Hour, faites simple et à votre échelle : sélectionnez une dizaine de pages de vente de votre domaine, imprimez-les puis recopiez-les à la main.

## Améliorez les pages existantes et retravaillez les mails de vos concurrents !

Ce conseil suit directement le précédent. À mesure que vous recopierez les pages de vente de vos concurrents pour vous améliorer, vous vous rendrez compte que les arguments ne sont pas toujours très convaincants. Que les blocs pourraient être mieux placés. Que la page pourrait être mieux structurée. Que la copie n'est pas fluide. Il est grand temps pour vous de prendre le stylo rouge et de corriger les pages de vente de vos concurrents. Si vous avez peur de vous démotiver sur une page de vente longue, commencez simplement par les mails de vos concurrents.

## « Je veux des mots qui sonnent, des mots qui résonnent »

Laissez Jenifer vous guider et écoutez des chansons françaises. Brel ou Brassens, Trenet, Gainsbourg ou Delerm pour la formule, Solaar, Booba, Damso, Nekfeu pour l'écriture et les *punchlines*. Si vous préférez écouter la radio, concentrez-vous sur les versions podcast des chroniques de 2 ou 3 minutes, travaillées et retravaillées pour être percutantes (je pense à Stéphane de Groodt notamment). Regardez les comiques dont l'humour fait mouche, leurs spectacles de stand-up où chaque phrase est ciselée, pour améliorer votre répartie. Êtes-vous plutôt « Les mots » d'Eric & Ramzy, Kheiron, Gaspard Proust ou Kyan Khojandi ? Votre travail de copywriter consiste à créer un effet sur votre lecteur grâce au pouvoir des mots, alors abreuvez-vous de mots !

## Créez des pages de vente pour des produits que vous aimez bien !

Il est grand temps de passer à l'action et de proposer vos services à vos amis. Aurore aime tricoter des bonnets pour bébé ? Proposez-lui d'écrire une page de vente avec son accord. Votre voisin a le don de motiver les gens ? Imaginez pour lui un entonnoir de vente où il vendrait son expertise. Vous venez de lire un roman qui vous a embarqué ? Écrivez l'argumentaire pour persuader les lecteurs potentiels, à la manière des argumentaires de sites de vente, d'une quatrième de couverture ou d'un avis de libraire.

## Créez votre offre : le stade ultime pour les copywriters « pour tous »

Si vous rédigez pour des clients, il est temps pour vous de passer au stade supérieur : celui de l'écriture pour vendre votre offre. Celui où vous allez imaginer un business entier, avec tout l'entonnoir de vente : les articles, les mails, la page de vente, etc. C'est un exercice très stimulant, qui pourrait bien vous faire basculer dans une nouvelle dimension et vous forcera à être encore plus alerte, créatif et convaincant.

## Ne démarrez jamais avec une page blanche !

Endormez-vous en sachant déjà ce que vous allez faire dès la première heure le lendemain. Dormez sur vos idées. Je me souviendrai toujours des miracles auxquels j'ai assisté en classes préparatoires. Nous vivions en internat, au lycée Montaigne à Bordeaux. Je ne compte plus le nombre de fois où j'ai vu débarquer mes camarades au petit-déjeuner, tout sourire, alors que nous nous étions quittés la veille en salle d'études à 23 heures ou minuit, bloqués sur un problème de maths. « Je me suis réveillée à 3 heures du mat', la réponse évidente m'est apparue. » J'ai toujours été fasciné par la puissance du cerveau reposé. Ne négligez pas votre sommeil : c'est lui qui permet à votre cerveau de trouver les mots et les idées, d'être concentré et efficace. Aussi, je vous recommande de ne jamais quitter votre poste de travail sans savoir ce que vous allez faire le lendemain. Quand j'ai eu fini l'écriture du chapitre précédent, j'ai regardé le titre du suivant afin d'enclencher le processus de créativité. J'ai ouvert le document Word, posé un plan avec sept idées pour devenir un meilleur copywriter, et le lendemain, trois autres sont apparues encore plus claires. Tuez la page blanche !

# 46

# Le copywriter et l'éthique

*« Un grand pouvoir implique de grandes responsabilités. »*
*L'oncle Ben dans* Spiderman

Parmi les clients qui me contactent, il y a de plus en plus de jeunes à la recherche d'argent facile. Certes, le copywriting est une compétence qui va vous rendre riche si vous vous y prenez bien et que vous servez correctement vos clients. Mais je vois aussi beaucoup de néophytes qui décident de rejoindre le côté obscur de la force du copywriting : utilisation de *dark patterns* pour manipuler les clients, pages de vente non signées, pas de photos sur les pages de vente ou fausses photos, et produits à la limite du risible ou du consternant, quand il ne s'agit pas purement d'arnaques. Lors de la pandémie de 2020, vous auriez pu tomber sur une page de vente pour un produit survivaliste de type : « Comment survivre à une pandémie – Covid 19 », ainsi que ses bonus « Comment fuir une ville en quarantaine » et « Comment survivre quand on est rationné en nourriture ». La page entière n'appuyait que sur les peurs des gens, peurs légitimes, qui plongeaient le lecteur dans une ambiance anxiogène : vous auriez eu l'impression qu'on vous injectait du BFMTV en intraveineuse. À la fin, un CTA évident, de type complotiste : « Oui, je veux que ma famille reste en vie » *vs* « Non, je préfère croire ce gouvernement qui nous ment ». Autre exemple : ma belle-sœur a acheté un climatiseur minuscule à 29 € qui ne rafraîchit rien après avoir vu une superbe pub sur Instagram, très bien copywritée. Une arnaque, encore.

Mon avis sur le copywriting et l'influence ? Voyez ça comme un stylo Mont Blanc : bien utilisé, il vous permettra de dessiner des chefs-d'œuvre, d'écrire les paroles d'une chanson ou de signer un contrat. Mal utilisé, il peut devenir une arme mortelle. Le stylo en soi n'est ni bon ni mauvais : tout dépend de ce que vous décidez d'en faire. Il en va de même avec la puissance du copywriting : vous pouvez devenir riche en aidant les gens à soulager leurs douleurs grâce à vos offres, ou décider de vous enrichir sur le dos de clients crédules que vous ne respectez pas.

## Ne cédez pas à la facilité : ne faites pas de vente forcée !

À mon avis, un bon copywriter ne doit pas profiter des faiblesses de ses lecteurs. Vous devez influencer *(win-win)*, pas manipuler (win pour vous, *lose* pour le client). Êtes-vous déjà sorti d'un magasin en ayant réalisé un achat dont vous n'étiez pas vraiment convaincu ? Je ne compte plus les paires de chaussures et de pantalons que j'ai achetés sous pression dans les boutiques, pour ne les porter qu'une ou deux fois avant qu'ils ne finissent leur vie au placard. Je regrettais ces achats. J'en voulais au vendeur de m'avoir mal conseillé. Pourtant, personne ne m'a mis le couteau sous la gorge. J'avais l'impression qu'on m'avait volé et je ne voulais plus accorder ma confiance à ces vendeurs. Ce sentiment s'appelle la déception post-achat. Or, vous le savez, quand un client donne son avis en ligne, c'est souvent pour se plaindre et critiquer. Ces mauvais témoignages nuisent à la réputation de votre entreprise, nuisent à votre image de marque et peuvent à terme vous faire perdre de futures ventes. N'oubliez pas que les commentaires et critiques en ligne ne sont que la partie visible de l'iceberg du bouche-à-oreille négatif que vous subirez si vous abusez de vos pouvoirs de copywriter pour vendre de mauvaises offres.

## La règle des 3 x 4 x 3 : l'éthique du copywriting est-elle celle du sexto ?

Vous avez besoin d'argent mais vous hésitez à poster une page de vente un peu trop musclée, un peu trop mensongère ? Si vous ne voulez pas regretter vos actes, pensez à cette règle donnée par un avocat à l'équipe de TTSO (une très bonne newsletter quotidienne sur l'essentiel de l'actualité). Initialement, cette règle s'applique à l'envoi de photos sexuelles (les *nudes*) : « C'est bien simple, pour ce qui est de ce que tu peux partager sur le net – que ce soit un mail, une vidéo ou autre – je dis à mes clients, il n'y a qu'une règle : celle du 3 fois 4 par 3 (3 x 4 x 3). Tu ne partages QUE ce que tu serais ok pour voir en affiche de 4 mètres par 3 devant l'entrée : a) de ton lycée (ça c'est pour les ados), b) de ton bureau (aujourd'hui ou dans 15 ans), c) de l'école de tes enfants (aujourd'hui ou dans 20 ans). Si dans les trois cas tu es à l'aise, alors vas-y envoie. »

J'espère que cette règle vous aidera à intégrer plus de morale à votre copywriting. Sinon, la plupart des gens continueront de nous voir, les copywriters et les publicitaires, comme des menteurs professionnels. Le pape David Ogilvy formulait son avis ainsi : « N'écrivez jamais une publicité que vous ne voudriez pas que votre famille voie. Vous ne mentiriez pas à votre femme. Alors ne mentez pas à la mienne non plus. » Ma technique pour ne pas mentir dans vos pages de vente est à la fois simple et compliquée : retravaillez vos produits et vos offres pour les rendre irrésistibles ! Simple parce que vous n'aurez jamais à mentir, compliquée parce que ça vous demandera du temps et de l'implication pour proposer la meilleure offre possible à vos clients !

# 47

# Les sept outils du copywriter, et comment écrire plus efficacement

*« Rien ne peut être fait sans la solitude. » Pablo Picasso*

Au cours de votre carrière de copywriter, vous allez souvent entendre cette phrase : « Moi aussi j'aimerais bien devenir copywriter afin de pouvoir travailler depuis n'importe quel endroit dans le monde, comme ce que décrivent Tim Ferriss dans *La semaine de 4 heures* et Stanislas Leloup dans *Votre empire dans un sac à dos.* » Le voyage, la possibilité de rejoindre les rangs des *digital nomads* sont en effet une bonne motivation pour devenir copywriter. Néanmoins, après avoir écrit pour mes clients depuis les plages de Tulum au Mexique, les plus beaux palaces de New York et les cafés parisiens, je dois vous rappeler que l'être humain est une créature d'habitudes. Or, le voyage chamboule vos habitudes de travail, votre rythme et votre concentration. Après 10 ans de travail en mouvement, je peux vous dire la vérité : je travaille mieux chez moi !

Voici la liste de tout ce qui peut vous aider à mieux écrire.

## Les outils du copywriter

- Carnet, stylo, Post-it, crayons de couleur, Stabilo : pour écrire des titres, organiser des plans, visualiser une page de vente, ébaucher des visuels pour vos publicités ou pour dessiner la structure de vos campagnes d'e-mailing.
- Des lunettes antireflets : pour protéger vos yeux de la lumière bleue de l'ordinateur et de votre téléphone portable. Comme pour le dentiste, pensez à rendre visite à votre ophtalmologue chaque année.
- Tout « ergonomique » : votre clavier, votre souris, votre chaise, investissez dans votre confort et la sécurité de votre corps. Nos poignets, notre nuque, nos épaules et notre dos sont mis à rude épreuve, alors apprenez à les chérir et investissez dans de bons outils.
- Une séance de consulting avec un ergonome : ce spécialiste de la bonne posture vous aidera à bien installer votre ordinateur sur votre bureau ainsi qu'à vous positionner. Grâce à lui, vous pourrez réduire vos factures chez l'ostéopathe.
- Des dictionnaires : dictionnaire Larousse ou Robert et dictionnaire des synonymes si jamais vous devez impérativement vous interrompre pour trouver un mot (car vous n'êtes pas censé être connecté quand vous écrivez, règle n° 1 de l'efficacité pour le rédacteur).

- L'ordinateur portable : Apple, Dell, HP, choisissez votre camp. Si vous voyagez beaucoup, favorisez la légèreté (et n'oubliez jamais vos chargeurs ni vos adaptateurs car vous n'aimeriez pas perdre du temps dans les boutiques à en acheter de nouveaux). Pour chez vous, voir le conseil n° 3, « tout ergonomique ».
- La lampe de bureau : pour bien vous éclairer, la nuit et en hiver quand le jour tombe plus vite. Une petite lampe de bureau comme la mythique lampe Luxo (celle du logo de Pixar) ou la très design Lightcycle de Dyson, à vous de voir !

## Sept techniques pour lutter efficacement contre les distractions et être plus productif ?

- Fermez la porte. Expliquez-le à votre entourage. Mettez un drapeau sur la porte si nécessaire. Trouvez un code. Mais soyez seul, et restez seul si vous voulez vraiment écrire. L'écriture est un sport de combat, qui se pratique seul.
- Coupez Internet quand vous écrivez. Passez votre ordinateur sur mode avion et ne travaillez que sur votre fichier texte. Dans une version moins violente, vous pouvez installer des bloqueurs de sites internet que vous définirez (interdisez-vous Facebook, Twitter, les sites d'information, etc.) grâce à Cold Turkey, Selfcontrol ou StayFocused. Si vous vous demandez comment faire vos recherches sans Internet : faites-les avant ou après, mais pas pendant que vous écrivez. Pour rédiger ce paragraphe sans Internet, je n'avais plus le nom des bloqueurs, alors j'écris « XXX, XXX et XXX » à la place, et j'ai cherché l'information manquante après.
- Passez votre téléphone en mode avion, nuit ou ne pas déranger. Définissez la « liste blanche » des personnes pouvant vous déranger, qui réussiront à faire sonner ou vibrer votre téléphone.

- Nettoyez votre bureau et optez pour le minimalisme : moins de dossiers qui traînent sur le bureau, c'est moins de distractions et plus de concentration. Ne pensez à rien d'autre qu'au mail, à l'article, à la brochure, à la page de vente que vous êtes en train d'écrire. Certains auteurs orientent leur bureau face à la pièce dans laquelle ils écrivent, pour ma part j'aime bien avoir un mur blanc en face de moi pour réduire les distractions, car je me disperse facilement. Vous pouvez aussi opter pour une organisation feng-shui, avec la porte face à vous, pour stimuler l'ouverture et la créativité.
- Préparez votre ravitaillement comme pour une balade en montagne : thé, café, eau, graines à grignoter, raisins secs, banane ou pomme ? Ne vous laissez pas distraire par l'appel du ventre et restez enfermé pour atteindre vos objectifs quotidiens. N'attendez pas la fringale pour vous rendre compte que votre niveau d'énergie diminue. Pour écrire, vous avez besoin d'être au meilleur de vos capacités physiques.
- Prévoyez vos pauses et vos temps de travail. Vous devez prévoir vos temps de pause, et vous les imposer même si vous êtes « lancé ». Vous devez vous préserver : votre santé est la ressource la plus importante dont vous disposez. Sur ce sujet, relisez *Les 7 habitudes de ceux qui réussissent tout ce qu'ils entreprennent* de Stephen Covey. Il y prône l'équilibre « p/cp : production/capacité de production », pour vous permettre de produire beaucoup, sans abîmer « la machine ». Toutes les 45 minutes ou toutes les heures, offrez-vous 5 à 10 minutes de pause. Certains écrivains sont adeptes de la méthode Pomodoro : 25 minutes concentré, 5 minutes de pause. Trouvez le rythme qui vous convient et planifiez vos pauses à l'aide d'une alarme dans votre téléphone.
- Écrivez dans le silence… ou en musique ! Deux écoles s'affrontent à ce sujet : il m'arrive parfois de mettre des boules Quiès ; l'auteur William Réjault enfile un casque de chantier anti-bruit pour ne pas subir le bruit de l'extérieur, car un rien

nous agace et nous distrait. D'autres se disent plus stimulés par la musique classique ou les playlists de bruits blancs, les musiques de concentration. Qu'importe le flacon…

## Quand écrire pour être le plus efficace ?

C'est une des questions les plus posées aux écrivains : « Quand écrivez-vous ? » Vous trouverez en ligne des pages et des pages sur la routine d'écriture d'Hemingway et les habitudes de travail de dizaines d'artistes. Nombreux sont ceux qui écrivent le matin, quand l'énergie est au maximum et que le cerveau est frais. Certains se considèrent comme « du soir », alors que d'autres écrivent mieux à l'approche de midi. Il n'y a pas de règle précise, et dans ce cas, je vous renverrai aux Grecs : « Connais-toi toi-même ». Nous n'avons pas tous le même rythme circadien, la même horloge biologique tout au long de la journée et tout au long de la vie. Un adolescent est plus en forme le soir, c'est pour cela qu'il se couche plus tard. À l'inverse, les séniors se lèvent de plus en plus tôt. Votre but doit être d'identifier vos meilleures heures pour écrire, celles où votre cerveau est en fusion et où vos doigts volent sur le clavier. Êtes-vous plutôt lion, ours, loup ou dauphin ? Ce sont les quatre catégories de personnes décrites par le docteur Michael Breus. Le lion est matinal, l'ours représente la plupart de la population et le loup est plus nocturne (quant au dauphin, c'est l'insomniaque de la bande). Votre travail sera rendu dans les temps, donc ce que je vous souhaite, c'est de trouver un partenaire de vie qui comprenne votre rythme et soit compatible avec vous !

# 48

# Comment trouver facilement vos premiers clients ?

*« Tout le monde a un prix, l'important est de savoir de quoi il s'agit. » Pablo Escobar*

Une plateforme de freelances est une place de marché en ligne où des demandeurs (des entreprises) sont à la recherche de votre compétence (ici, le copywriting) pour que vous écriviez des textes pour eux. Si vous vous imaginez un Tinder pour copywriters, c'est exactement ça !

Les clients directement, ou des clients managers, trient les profils des copywriters pour trouver la plume à engager pour une mission spécifique. Livre blanc, article de blog, newsletter, réécriture de site internet, amélioration d'une campagne de mails existante, page de vente, fiche produit ou vidéo de vente : la demande en copywriters est grande.

Les clients sont divers : parmi les clients de ces plateformes, vous trouverez des restaurateurs, des coachs en développement personnel, des coachs sportifs, des barbiers, des assureurs, des constructeurs automobiles et de grandes maisons de champagne aussi.

## Est-ce que ça vaut le coup pour un copywriter débutant ?

Si vous vous formez au copywriting, j'imagine votre hâte de trouver vos premiers clients, d'écrire vos premiers articles, et votre joie quand vous recevrez votre premier virement. Être payé pour écrire : le rêve ! Mais à quel prix ? C'est le souci majeur des plateformes de mise en relation : vous n'y serez pas seul, la concurrence est rude. Vous nagerez en plein océan rouge, infesté par les requins sanguinaires entraînés comme vous dans une redoutable course au « TJM » le plus bas (taux journalier moyen : votre tarif à la journée. Certaines plateformes vous proposent aussi d'indiquer votre taux horaire moyen).

Sur ces plateformes, les clients ont trois portes d'entrée, trois critères de sélection :

- Certains veulent le copywriter le moins cher car ils estiment que la mission n'a pas grande valeur. À leurs yeux, votre texte n'a pas vraiment d'importance, ils en ont vite besoin et ils passent à autre chose.
- D'autres clients cherchent le copywriter le mieux noté, avec le plus d'expérience. Ce client-là doit souvent rendre des comptes à un supérieur et se couvre en choisissant le copywriter qui offre le plus de garanties.

- Certains clients enfin essaieront de trouver le mouton à cinq pattes, c'est-à-dire un copywriter sénior, expert dans le domaine du client si possible, à un prix bas.

Comment sortir du lot dans ces conditions, si vous êtes débutant ? Ma seule recommandation : réussir l'alliance du savoir-faire et du faire savoir. Bien rédiger et livrer des textes de qualité est un prérequis qui ne vous servira que si vous le criez sur tous les toits ! « Mes clients m'aiment et me notent 5 étoiles ! » Quel que soit votre niveau d'expérience, fixez-vous un objectif clair si vous vous inscrivez sur l'une de ces plateformes :

- « J'y suis pour faire 5 missions et être noté 5 étoiles. »
- « J'y reste jusqu'à ce que je travaille pour un client prestigieux qui me guérira de mon syndrome de l'imposteur. »
- « Je me vends ici jusqu'à la fin de mon allocation chômage puis j'irai trouver des clients qui paient mieux. »

## Comment ne pas devenir dépendant des plateformes de copywriters ?

Encore une fois, gardez la mentalité Tinder en tête : « Ici pour ne plus être ici. » Sur Tinder, on s'inscrit pour trouver l'amour puis on désinstalle l'application. Sur une plateforme de freelance, inscrivez-vous pour bâtir votre marque personnelle, votre légende, votre réputation, puis apprenez à aller chercher les clients par vous-même.

Il y a trois vrais avantages à apprendre à voler de vos propres ailes :

- Pour chaque mission qu'elles vous confient, les plateformes prélèvent un pourcentage sur votre paie. Trouvez vous-même vos clients et gardez 100 % de ce pour quoi vous avez travaillé.
- Ces plateformes restent des plateformes de mise en relation, tenues par des humains. Et le mot-clé, c'est relation. Peu importe votre niveau en copywriting, si la manager de la plateforme, celle qui attribue les missions, a pris un café avec

moi hier matin, il y a plus de chances pour qu'elle souffle mon nom plutôt que le vôtre à son client.
- Pour le plaisir et la gratification. Vous connaissez le proverbe chinois sur l'apprentissage : « Donnez un poisson à un homme, et vous le nourrissez un jour. Apprenez-lui à pêcher, et vous le nourrirez pour toujours. » Travailler votre marque personnelle et prospecter par vous-même vous permettra de ne plus attendre qu'une plateforme vous nourrisse. Vous êtes votre meilleur commercial !

## Où vous inscrire si vous êtes copywriter freelance et que vous cherchez des missions ?

Voici cinq plateformes sur lesquelles vous pourrez vous inscrire afin de démarrer votre carrière de copywriter, travailler pour différents clients et accumuler l'expérience qui vous permettra de lancer votre entreprise et de démarcher vous-même.

- YouLoveWords

La plus moderne, avec une jolie app et une belle interface. Pour le compte de leurs clients comme CMG Sports club, Renault, Amazon, SFR ou Boss, la plateforme recrute des créateurs de contenu pour accompagner les marques en trois temps : la définition de la stratégie, la production de contenu et l'optimisation du contenu existant.

- Rédacteur.com

Très grosse plateforme aussi, au design efficace. J'aime beaucoup son argument différenciant : la garantie anti-plagiat. Avant qu'un texte ne soit rendu au client, la plateforme vérifie qu'il ne s'agit pas d'un copier-coller. Logique, quand on sait que Houellebecq, Attali, Montaigne et Sophocle ont tous été accusés de plagiat, ou au moins d'emprunts poussés. Le *duplicate content* est un fléau que Google et les autres moteurs de recherche ne récompensent pas : ne cédez pas à la facilité ni au patchwork. Sur ce site, vous devez produire une lettre de motivation pour chaque nouveau client, pour chaque demande : ça peut vous prendre du temps. Mais le vrai avantage est de savoir tout de suite combien vous serez payé pour une mission. Voici un exemple de mail que vous pouvez recevoir une fois abonné au service de redacteur.com

REDACTEUR.com

Bonjour Sélim,

Une nouvelle commande a été publiée sur Redacteur.com :

- Thème : Habitat
- Qualité : Qualité professionnelle
- Nombre de textes : 22 textes
- Nombre de mots : 15400
- Option :
- Total à gagner : 347,72€ HT

Voir la commande

Cordialement,
L'équipe de Redacteur.com

Suivez-nous sur Linkedin, YouTube, Twitter & Facebook.

- Textmaster

Plateforme de prédilection des traducteurs, vous pouvez aussi vous y inscrire pour faire vos premiers pas de rédacteur. Promenez-vous sur le site et découvrez la vérité sur les tarifs : plus le contenu qu'on vous commandera est élaboré et technique, plus vous serez payé. Un bon argument pour vous spécialiser dans un domaine.

- Malt, anciennement Hopwork

Malt, c'est la communauté de tous les freelances, pas seulement des copywriters. Vous y trouverez tous les associés nécessaires à vos projets, et si vous créez votre compte sur le site, une entreprise vous contactera… peut-être. Clair, efficace, à ne pas confondre avec Upwork (la même chose, une plateforme de freelances, mais américaine).

- Crème de la crème

Derrière ce nom qui évoque le film de Kim Chapiron sur l'élite qui étudie à HEC se cache une autre plateforme pour les freelances. Présentée comme « plus sélective » car il y a un test à l'entrée (comme chez Textmaster), elle conviendra aux plus jeunes. C'est d'ailleurs sur cet argument que la plateforme s'était lancée, en proposant aux étudiants de compléter leurs revenus. Vous ne ferez pas fortune non plus sur Crème de la crème, qui propose ce simulateur de TJM. Basé sur la moyenne des tarifs pratiqués (le maximum que recommande la plateforme est de 700 ou 800 €/jour), mes 1 200 €/jour m'assureraient de faire fuir tous les clients. Votre qualité a un coût que ces plateformes ne reconnaissent pas toujours.

Mon verdict : n'utilisez ces plateformes que pour vous lancer et démultiplier les expériences. Les tarifs proposés (surtout par Textmaster) sont à mon sens trop bas et ne vous aideront jamais à développer un business durable.

Dans les faits, vous serez trop souvent en concurrence, pour des tarifs dérisoires.

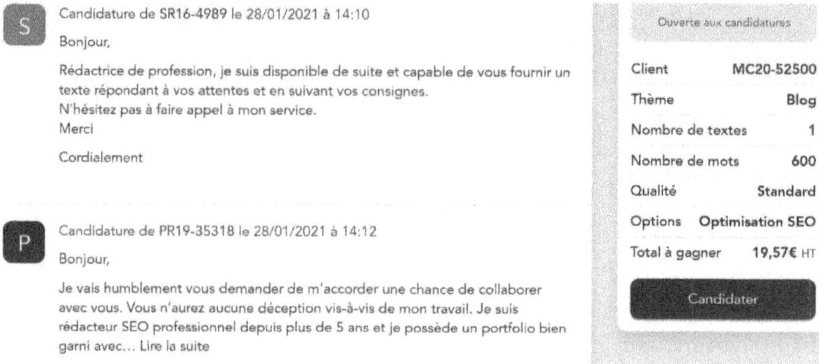


Dans l'exemple ci-dessus, Textmaster me propose 112,68 € HT pour 3 300 mots. Suffisant pour un débutant, trop peu pour un copywriter professionnel.

En créant votre marque personnelle hors des plateformes, vous vous extirperez de ces océans rouges et pourrez plus facilement imposer votre valeur. Parce que vous le valez bien.

# 49

# 21 questions pour améliorer votre taux de conversion

*« Je veux juste pousser les barrières et voir ce que je peux faire et jusqu'où je peux aller. » Usain Bolt*

Avant d'engager des centaines d'euros en publicité sur Facebook, Google Ads ou YouTube, commencez par de petites mises, entre 20 et 50 €. Tous ces outils vous permettent de tester un titre ou un visuel pour quelques centimes seulement, et de voir ce qui fait le plus cliquer.

Votre pub Facebook est prête, votre campagne d'e-mails est dans les starting-blocks, votre offre largement meilleure que celle du voisin… mais personne n'achète ? Quand j'analyse les tunnels de vente et les pages de vente de mes clients, je recherche l'élément manquant. C'est comme une enquête où je cherche le coupable, celui (ou ceux !) qui plombe l'efficacité et empêche la conversion.

Au fil des missions en copywriting, j'ai préparé cette liste de questions pour optimiser plus vite le contenu qui ne vend pas, et améliorer celui qui vend mais pourrait vendre plus.

Voici les 21 questions que vous devez vous poser si votre page de vente ne convertit pas assez :

- Est-ce qu'elle est humaine, personnalisée ou est-ce qu'elle sent l'arnaque ? (Photos, votre vrai nom, de vrais visages, votre signature manuscrite en bas de la page ?)
- Est-ce qu'elle parle vrai, ou trop technique, trop de jargon, trop complexe ?
- Est-ce qu'elle démarre fort, avec un gros titre et une bonne promesse ?
- Les problèmes décrits sont-ils assez douloureux pour toucher votre lecteur ? Remuez-vous assez le couteau dans la plaie ou minimisez-vous la douleur ?
- Les témoignages clients sont-ils crédibles ?
- Les transitions entre vos différents blocs sont-elles logiques et fluides ? La page est-elle belle ? (Utilisez des logiciels comme ThriveThemes, LeadPages pour faire de belles pages de vente ou de capture si vous n'êtes pas designer. systeme.io et Clickfunnels procurent aussi tous les outils pour designer vous-même un bel entonnoir des ventes.)
- Avez-vous présenté au lecteur suffisamment de bénéfices ? Lui avez-vous assez mis l'eau à la bouche ?
- Avez-vous réussi à rassurer votre lecteur ? Êtes-vous une personne de confiance, inspirez-vous confiance quand on ne vous connaît pas ? Faites-vous une bonne première impression ? Que dit-on de vous sur le Web ? Votre entreprise est-elle trouvable facilement sur Google ? Avez-vous de bonnes notes sur Google, Facebook, de bonnes recommandations

sur TripAdvisor ou LinkedIn ? Le site de votre entreprise fait-il pro ou amateur ? Avez-vous l'expérience et l'expertise suffisantes pour rassurer votre prospect ?

- Avez-vous corrigé correctement votre copie (fautes d'orthographe, de grammaire, etc.) ?
- Avez-vous soumis votre page aux yeux d'un designer ou d'un pro de l'UX ? Est-elle assez aérée ? Est-elle lisible pour tous les yeux, pour tous les âges ? Les couleurs utilisées sont-elles cohérentes ou votre page ressemble-t-elle à un amas de guirlandes de Noël sur un sapin ?
- Votre vidéo de vente charge-t-elle assez vite ? Est-elle bien montée ? Le son est-il correct et audible ? Avez-vous une voix agréable quand vous parlez ?
- Votre offre tient-elle la route par rapport à ce que vos clients peuvent trouver ailleurs ? Offrez-vous assez ? Le lecteur perçoit-il la qualité de votre produit par rapport à tout ce que YouTube procure gratuitement ?
- Avez-vous clairement décrit les caractéristiques du produit et tout le processus de commande et de livraison ?
- Votre *call-to-action* est-il clair et direct ? Demandez-vous vraiment et sans détour à votre lecteur de cliquer, d'acheter, de remplir un formulaire ? Votre lecteur est-il noyé sous un déluge de possibilités au moment du CTA ?
- Est-ce que votre prix est décourageant par rapport aux offres des concurrents ? Avez-vous fixé un prix beaucoup trop haut (trop cher) ou bien trop bas (pas fiable, synonyme de non-qualité) ? Le prix est-il cohérent par rapport à votre image de marque ?
- Avez-vous bien formulé le côté « limité » de votre offre ? Avez-vous joué sur les leviers rareté et urgence ? Utilisez-vous un compte à rebours pour inciter votre prospect à acheter ?
- Proposez-vous des facilités de paiement ? Un échelonnement des paiements ? Proposez-vous le paiement le plus sécurisé ?

- Avez-vous pensé à la garantie satisfait ou remboursé 30 jours, 60 jours, 1 an ?
- Votre page de vente est-elle assez longue ? En dit-elle assez ? Avez-vous utilisé la Super Structure ?
- Les pages de vos concurrents sont-elles vraiment meilleures ? Comment vous en inspirer ?
- Êtes-vous joignable ? Proposez-vous un mail ou un numéro de téléphone pour que les prospects vous contactent ?

9 fois sur 10, vous allez trouver les défauts par vous-même. Passer votre page de vente au scanner de cette *check-list* prend du temps, mais c'est un travail que vous devez faire pour améliorer le taux de conversion et le chiffre d'affaires de votre entreprise. Je suis bien conscient qu'il y a un fossé entre la théorie et la pratique, et c'est pour cela que les consultants et les coachs écrivent des livres : pour partager la théorie, et pour rappeler qu'ils sont là, physiquement, pour mettre la théorie en pratique !

# 50

# Comment devenir un copywriter complet : les compétences adjacentes et complémentaires

*« Vers l'infini, et au-delà ! » Buzz l'éclair,* Toy Story

Bravo, vous êtes désormais prêt à écrire votre première page de vente et à créer des entonnoirs de vente qui convertissent vos lecteurs en clients. Si vous voulez devenir un très bon copywriter, être encore plus efficace et facturer vos prestations encore plus cher, améliorez vos compétences ! Certaines compétences ne vous demanderont pas beaucoup d'efforts : on parle de compétences adjacentes, à portée de main. D'autres compétences en revanche vous donneront plus de fil à retordre : on parle de compétences complémentaires. Si vous êtes déjà votre propre patron, vous vous posez déjà cette question pour chaque ligne de votre to-do-list : « faire ou faire faire ». Et vous vous êtes déjà rendu compte que certaines tâches ne vous plaisent pas. Dans ce cas, déléguez-les ! En revanche, si vous êtes curieux et que vous avez du temps à consacrer à votre formation continue (et si vous ne l'avez pas, trouvez-le !), développez vos compétences adjacentes !

## Cinq compétences adjacentes au copywriting

- Community management : faire grossir votre communauté sur les réseaux sociaux, comprendre l'air du temps, avoir la bonne répartie, être sympa avec la communauté, les clients, les fans, rédiger des CTA et suivre les *metrics* d'engagement. Rien ne vous prépare plus au job de copywriter que le community management, et vice versa !
- Ciblage pour la publicité : quand vous rédigez votre contenu de vente, vous avez déjà défini votre avatar. Savoir définir les paramètres de ciblage sur Google Ads, identifier les bons groupes sur Facebook n'est au fond que le même travail, mais sur une plateforme, pas sur une feuille de papier.
- Rédacteur SEO, rédacteur de contenu pour les marques : autre point d'entrée possible pour capturer vos *leads*, le SEO (l'optimisation des résultats de recherches, soit l'art d'apparaître en première position sur les moteurs de recherche). C'est souvent en tapant une recherche dans Google que vos prospects vont atterrir sur votre site. Vous savez déjà écrire pour les lecteurs, alors apprendre à écrire pour les moteurs de recherche ne sera pas trop dur pour vous.

- Prise de parole en public : vous ne pouvez pas faire l'impasse sur les webinaires et les vidéos YouTube pour faire rentrer de nouveaux *leads* dans votre entonnoir de vente. Apprenez à parler, à articuler, à sourire, et à structurer un discours pour la caméra, vous ne voudrez plus jamais écrire de page de vente, mais créer des vidéos de vente !
- Édition, journalisme, roman, scénario, pièce de théâtre : James Patterson, Frédéric Beigbeder comptent parmi les anciens publicitaires devenus auteurs. Un copywriter, c'est avant tout un fin psychologue. Et c'est cette connaissance de l'humain que vous avez tant travaillée pour définir votre avatar qui vous permettra demain d'écrire le prochain Goncourt !

## Les compétences complémentaires : tout le reste ?

Apprendre ces compétences va vous demander du temps, beaucoup de temps. Si vous avez été attiré par les mots, ce n'est pas un hasard : votre matière première, ce sont les mots, pas les images, pas la vidéo, pas les chiffres. Même si vous acquérez ces compétences, vous n'aurez pas tout de suite, voire jamais, l'œil et l'aisance de ceux dont c'est la formation et le métier depuis longtemps. Ces compétences ne vous seront pas nécessaires si vous voulez passer de copywriter à patron d'agence : vous devrez simplement apprendre à déléguer, et à vous entourer correctement !

- Graphisme : vous irez plus vite pour assembler les textes et les images, pour retoucher les images, pour faire les couvertures de vos articles de blog et les vignettes de vos vidéos YouTube après une formation en graphisme.
- Photo : pour illustrer vos articles vous-même et constituer une base de pour tous vos supports.

- Montage vidéo : pour du contenu encore plus efficace, pour faire des vidéos de vente, pour pouvoir écrire et monter tout seul vos vidéos.
- UX copywriting : l'UX copywriter est le mouton à cinq pattes qui définit le *brand book*, le cadre de votre communication. Le ton, les polices, les couleurs, les formes, les textes et les boutons sur une page de vente, un site, un mail.
- Commercial : vous savez vous vendre (un copywriter qui ne sait pas se vendre, c'est louche), mais la vie d'un copywriter freelance ressemble à des montagnes russes. Un coup, il est sous l'eau car il a tout un tunnel de vente à créer et il refuse des clients, puis quand il a terminé sa mission, il doit repartir à la chasse au client. Avoir un commercial dans votre équipe vous permettra de vous concentrer sur ce qui vous rapporte : écrire.

Mon conseil : au début, quand vous n'avez pas beaucoup de moyens, devenez ami avec des professionnels qui ont ces compétences. Puis quand vous aurez des missions qui paieront mieux, sélectionnez de bons freelances dans ces domaines, et payez-les. Ça ira bien plus vite que si vous faisiez tout vous-même. Concentrez-vous sur ce qui rapporte : vos mots pour vendre, car c'est là que vous êtes le meilleur. Dans le business comme en médecine, il y a des experts et il y a des généralistes. Pour ma part, j'ai choisi l'expertise ! Dans tous les cas, il n'y a pas deux copywriters identiques. Votre profil est unique, avec votre vécu, vos expériences professionnelles, votre sensibilité. Je ne me permettrais donc pas de vous dire quelle voie prendre. Je vous souhaite de devenir qui vous voulez être.

Et n'oubliez pas : votre histoire, c'est à vous de l'écrire !

# Remerciements

Un livre ne s'écrit jamais seul. Il est toujours le fruit de rencontres et le résultat des critiques constructives des premiers lecteurs. J'ai écrit une grande partie de ce livre au moment où ma petite fille venait au monde, alors je veux la remercier elle, d'abord. Au fond, c'est grâce à ma petite Alma si je restais éveillé la nuit pour avancer. Merci aussi à ma femme et à ma belle-famille, qui m'ont supporté (non non, pas soutenu, supporté, vraiment), pendant cette phase d'écriture parfois plus complexe que prévu.

Chez les professionnels, je remercie Boris Schrenzel, le premier à m'avoir mis en main un livre sur le copywriting en 2011 (remercions aussi Bob Serling au passage : c'est l'auteur de *Power copywriting for the Internet*). Ce livre a aussi reçu le regard bienveillant et utile de Frédéric Canevet, Alexandre Dana, Aurélien Amacker, Maxime Delmas, Pascal Nessim, Gauthier Helloco, Onur Karapinar, Yannick Chatelain, Emmanuel Vivier et Jacques Séguéla.

Comment ne pas remercier aussi tous mes clients, ceux qui me forcent à retravailler titres, textes, images, à la recherche de la plus haute conversion possible ? Merci Antoine, Salim, Djibril, Kevin, Aurélie, David, Enzo, Justine, Marion, Valentine, Charlotte, Pierre, Shaun, Samir, Mélissa pour votre confiance accordée et renouvelée !

Un dernier merci enfin à mon éditeur Florian Migairou, qui a eu le courage d'accepter cet ouvrage sur le copywriting à un moment où ce n'était encore qu'un projet, à ma correctrice Arianne Fort, et à toute l'équipe chez Eyrolles.

- ~~Nathalie : envoyer note avec texte FB~~
- OB : nouveau site
- ~~Boroconcept : planificateur Linkedin + traductions~~
- ~~Vanessa 3fourzailes :~~
- ~~vérifier pour Q Trading~~
- ~~voir pour les RDV Linkedin~~
- revoir annonces pour CCH.
- ~~Anmohede : RDV + alerte Camille~~
- ~~RDV pour chez Kevin~~
- ~~Compta !~~
- RDV Jumélo.
- ~~Frédéric Michel~~

# Bibliographie


Bernays Edward, *Propaganda*, Zones, 2007.

Brunson Russell, *Expert Secrets: The Underground Playbook to Find Your Message, Build a Tribe, and Changing the World*, Morgan James Publishing llc, 2017.

Carnegie Dale, *Comment se faire des amis*, Le Livre de Poche, 1990.

Cialdini Robert, *Influence et manipulation*, Pocket, 2014.

Cialdini Robert, *Pré-suasion*, First, 2017.

Dahl Gary, *Advertising for dummies,* Wiley Publishing, 2007.

Edwards Jim, *Copywriting Secrets: How Everyone Can Use The Power Of Words To Get More Clicks, Sales and Profits… No Matter What You Sell Or Who You Sell It To!*, Author Academy Elite, 2019.

Gitomer Jeffrey, *Le Petit Livre Rouge de la Vente*, Pearson, 2008.

Godin Seth, *C'est ça le marketing*, Diateino, 2019.

Greene Robert, *Les lois de la nature humaine*, ALISIO, 2019.

Greene Robert, *Power : Les 48 lois du pouvoir*, Leduc S, 2009.

Halbert Gary C., *The Boron Letters*, CreateSpace Independent Publishing Platform, 2013.

Heimann Jim, *Mid-Century Ads*, Taschen, 2015.

Holiday Ryan, *Croyez-moi, je vous mens : Confessions d'un manipulateur des médias*, GLOBE, 2015.

Hopkins Tom, *La vente*, Éditions de l'Homme, 2019.

Kahneman Daniel, *Système 1/Système 2 : Les deux vitesses de la pensée*, Flammarion, 2012.

Karapinar Onur, *Petites habitudes, grandes réussites : 51 pratiques inspirantes pour devenir la meilleure version de soi-même*, Eyrolles, 2019.

Kennedy Dan S., *The Ultimate Sales Letter, 4th Edition: Attract New Customers. Boost your Sales*, Adams Media, 2011.

Klaff Oren, *L'art du pitch : Trouvez l'accroche, soyez convaincants et réussissez vos deals*, Eyrolles, 2018.

Le Bon Gustave, *Psychologie des foules*, Presses Universitaires de France, 2013.

McKeown Greg, *L'essentialisme : Faire moins mais mieux ! L'art d'être réellement efficace*, Éditions Contre-dires, 2018.

Newport Cal, *Deep Work: Rules for Focused Success in a Distracted World*, Piatkus, 2016.

Ogilvy David, *Ogilvy on Advertising*, Welbeck Publishing Group, 2007.

Pink Daniel, *La vérité sur ce qui nous motive*, Flammarion, 2016.

Salmon Christian, *Storytelling : La machine à fabriquer des histoires et à formater les esprits*, Éditions La Découverte, 2008.

Séguéla Jacques, *Ne dites pas à ma mère que je suis dans la publicité… Elle me croit pianiste dans un bordel*, Flammarion, 1979.

Templar Richard, *Les 100 règles d'or des relations sociales : Comment cultiver votre sociabilité et développer votre charisme*, Marabout, 2018.

Thaler Richard H., *Nudge – Émotions, habitudes, comportements : comment inspirer les bonnes décisions*, Vuibert, 2010.

Truby John, *L'anatomie du scénario*, Michel Lafon, 2017.

Vogler Christopher, *Le guide du scénariste : Concevoir des histoires universelles qui toucheront tous les publics*, DIXIT, 2013.

Whitman Drew Eric, *Brainscripts for sales success*, McGraw-Hill Education, 2014.